「名誉白人」の百年

南アフリカのアジア系住民をめぐるエスノ－人種ポリティクス

山本めゆ 著

新曜社

目次

序章　問題の所在と本研究のねらい　1
一　はじめに――撤去されたガンディー像　1
二　アフリカ側からの再審　3
三　「第三の窓口」が示すもの　7
四　The Past in the Present――「名誉白人」の再検討　8
五　人種主義史研究におけるアジア系移民の再中心化　12
六　アフリカ－アジア関係研究の課題　15
七　本書の構成　18
八　用語について　21
【注】　27
第一章　先行研究と調査の概要　31
一　はじめに　31

二　トランスナショナル空間における人種編成　32
二 - 一　労働移民の時代　32
二 - 二　トランスナショナル／コロニアルな「白い想像の共同体」　36
三　中間性の批判的検討　39
三 - 一　アフリカにおけるアジア人　39
三 - 二　中間から交差へ　41
四　移民たちの無関心　44
四 - 一　労働移民の時代のソジョナーたち　44
四 - 二　強いられたコスモポリタニズムと無関心　47
五　本研究の射程と調査の概要　49
【注】　59

第二章　アジア系移民の到来と移民規制　63

一　はじめに　63
二　移民政策に対する関心の高まり　64
三　インド人の到来　66
三 - 一　到来と定着　66
三 - 二　「ナタール方式」の誕生　71

四　中国人の到来　74
四－一　到来と定着　74
四－二　年季契約労働者の「輸入」　75
五　統一的な移民規制法の成立へ　78
五－一　トランスヴァールの「暗黒法」　78
五－二　一九一三年移民規制法と禁止移民　80
六　小括　82
【注】　84

第三章　名誉と排日　87

一　はじめに　87
二　移民規制法前史　89
二－一　先人の足跡から　89
二－二　「クーリー階級」送出国としての日本　92
三　移民規制法と第一次世界大戦と先例の参照　93
四　紳士協約の成立　97
四－一　禁止移民からの除外　97
四－二　南アフリカ社会の反応　103

五　移民船の寄港と日本領事館の対応　106
六　紳士協約以後の交渉　109
七　小括　111
【注】　113

第四章　「泡」のなかから覗いたアパルトヘイト――117

一　はじめに　117
二　インタビュー調査の背景　120
三　地理的分布と日本人会・日本人学校　123
四　余暇と生活水準　128
五　物理的距離と心理的距離　133
六　曖昧な位置と「名誉白人」をめぐって　139
七　隔離を学習する　144
八　コスモポリタン型の無関心　148
九　「泡」のなかの反アパルトヘイト　151
一〇　小括　154
【注】　157

第五章　人種概念としての「名誉白人」　161

一　はじめに　161
二　南アフリカ――「名誉白人」の創出　163
二-一　中華系住民の地位をめぐる議論と「名誉白人」　163
二-二　南アフリカ議会での議論　169
三　日本――報道・運動・国会における「名誉白人」　176
三-一　一九六〇年代～一九七〇年代の新聞報道　176
三-二　一九八〇年代～一九九〇年代の新聞報道　182
三-三　反アパルトヘイト運動の展開　184
三-四　衆議院・外務委員会　186
四　在ヨハネスブルク日本人コミュニティ内での受容　189
五　概念と人びととの相互作用　192
六　中華系住民の越境　194
六-一　対置される中華系住民　194
六-二　中華系住民の「名誉白人化」　199
七　小括　202
【注】　204

終章　「名誉白人」からガンディー論争を再考する――209
一　各章の振り返りと人種主義研究における意義　209
二　アフリカ－アジア関係研究の課題　215
あとがき　219
英文要旨　(17)
文献　(6)
索引　(1)

装幀＝新曜社デザイン室

序章　問題の所在と本研究のねらい

一　はじめに――撤去されたガンディー像

二〇一六年九月、ガーナ大学の若手研究者たちが、インドのムカルジー首相来訪時に寄贈されたガンディーの銅像（図序‐1）の撤去を求め、大学評議会あてに陳情書を提出した。それによると、南アフリカに居住していた時期のガンディーはアフリカ人を劣った人種とみなす「レイシスト・アイデンティティ」の持ち主であり、そのような人物の銅像は彼らのキャンパスにふさわしくないという。数年にわたる抗議運動の結果、このガンディー像は二〇一八年一二月に撤去され、その後首都中心部に移設されている。

ガンディー像をめぐる抗議はこれにとどまらない。同時期にはカナダのカールトン大学でもアフリカ系の学生組織からキャンパス内のガンディー像の撤去を要求する声が上がり、マラウイで

図序-1　撤去の一週間前のガンディー像（2018年12月上旬にガーナ大学を訪問した太田至・市野進一郎氏による撮影）

もガンディー像の建立に反対する署名活動が広がった。さらに二〇二〇年にBlack Lives Matter運動が再燃すると、アメリカやイギリスでもガンディー像が問題視されるようになり、ワシントンでインド大使館前のガンディー像が破壊されたニュースは世界中の耳目を集めた。問われているのはすべて、南アフリカ時代のガンディーである。

一八六九年にインド西部のグジャラートに生まれたガンディーは、一八九三年から一九一四年まで、つまり二四歳から四五歳までの実に二一年間を南アフリカの地で過ごした。従来、若きガンディーは南アフリカで苛烈な人種主義と移民排斥の壁に直面、反差別闘争を通して非暴力不服従の哲学を獲得し、野心的な弁護士から「マハトマ

（偉大な魂）」へと変貌したとされてきた。主著のひとつで「インドの自治」を意味する『ヒンド・スワラージ』が南アフリカ生活の後半に執筆されたこと、またガンディー自身も南アフリカで展開された指紋登録への抵抗が思想的転機をもたらし、「サッティヤグラハの起原」になったと記している点に鑑みれば、インド建国の父としてのガンディーは南アフリカで生まれたことになる。[1]それゆえ、二〇〇〇年代より再び活性化しつつあるアフリカ‐アジア関係研究においても、ガンディーはそのシンボル的存在となってきた。

しかし、近年の南アフリカでは、こうしたガンディー理解を大きく揺さぶるような研究に関心が集まり、物議を醸している。そこで明らかになってきたのは、ある時点までのガンディーがヨーロッパ由来の人種観を受容し、イギリス帝国と南アフリカの「白人」社会に恭順を示すとともに、アフリカ人の反英レジスタンス闘争にあたってはそれを弾圧する側に立っていたということだった。[2]ガンディー像をめぐる抗議運動の世界的拡大も、南アフリカにおける研究の進展と切り離すことができない。

二　アフリカ側からの再審

南アフリカで過ごしたガンディーの二一年間は、映画や舞台、学術研究においてもたびたび描かれてきた。たとえば、ある世代以上の方には馴染み深いリチャード・アッテンボロー監督の映画『ガンジー』（一九八二）では、南アフリカに上陸して間もないガンディーが一等車の切符を所持していたにもかかわらず肌の色を理由に列車から放り出されたというよく知られた事件が、彼の人道主義的活動の起点として演出されている。フィリップ・グラスのオペラ『サティアグラハ』（初演一九七九）も、まさに南アフリカ時代のガンディーを主題としており、ダーバン港での襲撃事件、『インディアン・オピニオン』紙の発刊、指紋登録に対する抵抗、トルストイ農場の開設、そしてトラスンヴァールへの行進等を切り出し、その足跡を再構成した。両作品が発表されたのは、南アフリカのアパルトヘイト体制[3]の非人道性に対して国際社会からの非難が高まっていた時期である。映画やオペラの観客たちは、「白人」の愛国者たちに殴打されながらも毅然と立ち上がるガンディーの姿に、当時の反アパルトヘイト闘争を重ね合わせていた。このときガンディーは、マンデラらに象徴される闘士たちの先人として位置づけられていたのである。

より中立的なはずの学術研究のなかには、ガンディーの闘争を際立たせるためにアフリカ人をその引き立て役に据えるような作品もあった。ラーマチャンドラ・グハは、南アフリカに移入したインド人について、「（アフリカ人よりも）教育水準が高く、優れた組織を持っていたので、白人支配により積極的に挑戦することができた」とし、そのうえで「人種法に反対する最初の抗議行動を牽引したのはガンディーであり、彼はアパルトヘイトの最初の反対者のひとりと考えられるべきである」とさえ主張していた[4]。

こうした通説に真正面から挑戦したのが、南アフリカのアシュイン・デサイとゴーラム・ヴァヘドによる *The South African Gandhi*（二〇一五）である。以下、やや長めになるが紹介しておこう。

当書によると、ガンディーはアフリカの地に上陸して間もない一八九三年に、インド系住民の地位について以下のような公開質問状をナタール議会に提出している。そこではインド人とアーリア人との「血族関係」が強調され、アフリカ人だけが非文明化された「野蛮」のなかに放逐される。「あえて言えば、イギリス人とインド人は、インド‐アーリアと呼ばれる共通の祖先を持っている。（中略）植民地には、インド系住民はアフリカの原住民という野蛮人よりもごくわずかに優れている程度であるという共通の理解が広がっているように見える。子どもでさえそのように教わり、その結果インド系住民は粗野なキャファー（引用者注：アフリカ人の蔑称）の地位にまで引きずりおろされている」。また、自身が発行していた『インディアン・オピニオン』紙上でも、ガンディーはインド系コミュニティとアフリカ人との差異を強調している。「（インド系住民は）原住民とはまったく対照的である。原住民は国家にほとんど利益をもたらさずにきたのに対し、主にインド系住民が国家に繁栄をもたらしている。原住民の浮浪者は四方八方に溢れているが、その種の人間はインド系住民の間ではほとんど見られない。（中略）インド系住民のよく耕された果物農園と原住民のみじめなとうもろこし畑のなんという違いだろう！」。こうしてガンディーはアフリカ人の窮状を彼らの「野蛮」「怠惰」に帰責することで、イギリスによる暴虐なアフリカ支配を擁護した。

また、南アフリカ時代のガンディーは市民の自由と従軍の義務は一体であるという古代ギリシア以来の原則に立っていたうえ、従軍を帝国に対する忠誠を証明する格好の機会と考えていたため、南アフリカ戦争（一八九九〜一九〇二）とバンバタの蜂起（一九〇六）ではイギリス帝国の一員として志願し、インド系部隊の編成を唱導した。後者のバンバタの蜂起とは、イギリスによる「原住民」政策や人頭税の導入に抵抗したアフリカ人による反乱で、数千人のアフリカ人が命を奪われたうえ、これが制圧されたことで以降アフリカ人のプロレタリア化が急速に進んだこともあり、南アフリカ近代史における重要な転換点のひとつとされる。最終的に、イギリスがインド系部隊の武装を警戒したことから彼らは担架兵として従軍することになったものの、このことはアフリカ人との関係に禍根を残した。ズールー語の新聞『Izwi Labantu』紙が、アメリカ人による記事として、数千のズールーを虐殺しナタールの土地を奪ったイギリスの野蛮にインド系住民が自発的に奉仕したことをアフリカ人は忘れないだろうとする文章を掲載したほどだった[5]。

当書はガンディーが真の英雄となるまでの道のりを跡づけたにすぎないが、各方面から多くの反発と反論が噴出し、なかには人種的な緊張を煽っているとの批判もあった。しかし実のところ、ガンディーの上記のような側面はけっして秘匿されてきたわけではなく、これまでにも少なくない数の研究者によって指摘されてきたものである[6]。それでも当書が広く読まれ、アフリカ各地の人びと、ひいては世界のアフリカ系コミュニティを動かすほどの反響を得たのは、南アフリカ時代の言動がその後の功績に比べれば取るに足らないものとされてきたことへの不満と反発が静かに堆積していいたためだろう。

三 「第三の窓口」が示すもの

南アフリカ時代のガンディーの言動をどのように評価すればよいのか。*The South African Gandhi* に対しては、「ガンディーの発言が脱文脈的に引用されている」「ガンディーはアフリカ人指導者には敬意を払っていた」などの反論が寄せられている。[7] ここでは各争点について仔細に検討することも、どちらの主張に分があるか判断を下すこともしない。その代わりに紹介したいのは、南アフリカではよく知られているためか当書では踏み込まれていない、郵便局の窓口に関するエピソードである。

ガンディーが南アフリカにやってきた当時、ナタールの郵便局はヨーロッパ系専用の窓口と「原住民（Natives）」専用の窓口とに分かれており、インド系住民は後者を利用することになっていた。ガンディーはこのような「屈辱」に対する怒りを表明、仲間とともに交渉を重ね、ついに彼らのために第三の窓口を開設させることに成功した。一八九六年、ガンディーは、「当局は現在、原住民、アジア系、ヨーロッパ系のために三つの入口を提供するようになっている」[8] として勝利を宣言している。つまり、「白」でもなく「黒」でもない新たなカテゴリーの存在を明示させること、それによって彼ら自身とアフリカ人とを切り離すこと、これが若きガンディーによる最初の要求であり、最初に獲得した戦果だった。

人種的な秩序において、アジア系の人びとは抑圧者なのか、被抑圧者なのか。特権的な位置にあるのか、従属的な位置にあるのか。それともそれらの中間なのか。現代の南アフリカでも、そして Black Lives Matter 運動に揺れるアメリカでも再浮上している息の長い問いである。そこで常に問題視されてきたのは、アジア系の人びとが白人優越主義に抗う過程でより劣位に置かれた人びととの差異を強調する傾向にあり、そのことが本来であれば共闘できたかもしれない人びととの「出会いそこね」を招いてきたということだった。

四　The Past in the Present ――「名誉白人」の再検討

南アフリカを舞台にしたアジア系住民とアフリカ人との「出会いそこね」をめぐる議論には、先例がある。日本ではよく知られている「名誉白人」問題だ。[9] ここからは、なぜいま人種主義研究の一環として「名誉白人」を検討する必要があるのかを確認したい。

一九八〇年代半ばから後半にかけて、アパルトヘイト廃絶に向けて西側諸国が経済制裁を強化するなか、日本は対南アフリカ貿易高で世界一を記録し、国際社会からの非難を集めることになった。その際、南アフリカで本来「白人」のみが居住を許されているはずの地域に、日本の企業駐在員らがコミュニティを築いていること、彼らが通称「名誉白人（honorary whites）」と呼ばれていることが知られるようになる。「日本人はアパルトヘイト政権と手を結び、南アフリカを支援した見返りとして、特権的な地位を獲得したのではないか」といった批判も噴出した。

実のところ、そもそもアパルトヘイト政権のもとで塗炭の苦しみを味わっていたアフリカ人にとって、数十人から数百人といった規模の日本人がどの地域に居住しているかなどさほど重要な関心事ではなかった。「名誉白人」に大きく反応したのは、むしろ日本人の方である。ある人びとは、「名誉白人」をまったく肯定的に受容していた。一九八〇年代、静岡新聞の客員論説委員は、「名誉白人」待遇のみならず南アフリカの隔離政策についても好意的な筆致で論評している。

> 南ア政府は当時から日本人だけには「名誉白人」の地位を与えて中国人その他とも異なる白人並みの待遇をしてきた。それは日本人が有色人種とはいえ欧米人に優るとも劣らぬ才能を有し、日本が南アの重要貿易相手国である事実の認識に基づくものである。[10]

他方、南アフリカの解放闘争への連帯を目指していた人びとは、そのような地位を享受すること自体が隔離体制の許容や追認、加担であると主張した。日本の反アパルトヘイト運動の先駆者である野間寛二郎は、アジア・アフリカ民族会議のムシマング氏の手紙として「他国の内政に干渉しないというお上品な政治的経文をくりかえしている日本政府は、じっさい、白人政権と外交・経済関係をたもち、その政権の力を強めることによって、すでに干渉をおこなっているのです[11]」という発言を紹介しながら、次のように記している。

日本人の〈白人扱い〉は、いうまでもなく、南アフリカの政治・経済的ボイコットという世界の潮流に逆らって、日本が外交を再開し、貿易をおこなったことに対する一種の謝礼である。[12]

このように野間は「日本人の〈白人扱い〉」について警鐘を鳴らし、アフリカの民衆との連帯を模索し続けた。それゆえ、日本でも反アパルトヘイト運動が高揚した一九八〇年代後半には、「名誉白人の返上」「名誉白人はごめんだ」が重要なスローガンのひとつとなっていった。

ただし、右の二つの立場は対立しているようでありながら、「名誉白人」待遇についての理解では一致している。つまり、①日本‐南アフリカ間の外交と貿易関係の産物として、②日本人だけが、③南アフリカ政府によって特別な地位を付与されたというものである。

このような理解を刷新したのが、民主化後の一九九〇年代後半にヨハネスブルクのウィットワーターズラント大学で国際関係論を修めた長田雅子である。長田は、博士論文をもとに

Sanctions and Honorary Whites（二〇〇二）を上梓、アパルトヘイト期に南アフリカ政府が日本人のために特別な地位を創設したという通説を否定した。長田によれば、「名誉白人」という呼称は公的な場面ではただの一度も使用されたことがなく、一九六〇年代前半に南アフリカの報道機関が見出しに掲げた造語に過ぎなかった。第五章で後述するように、外交やビジネス目的で南アフリカに居住する非永住型の外国人は、出身国や容貌にかかわらず「白人」エリアで暮らすことが許されていたのである。

そうだとすれば、当時、「名誉白人」という語とともに経験されてきたさまざまな事象は、どのように理解すればよいのだろう。「名誉白人」という呼称に居心地の悪さを感じつつも、ときに受容し、ときに利用しながら南アフリカで暮らしていた日本人や、「白人」待遇の日本人と「カラード」の中華系住民を見分けるという難題に頭を悩ませていた南アフリカ人や、ご都合主義的な人種隔離政策に反発を覚える一方で、日本人を装って「白人」専用の映画館やレストランを利用しようとした中華系の若者たちの日々は、すべて思い違いの産物ということになるのか。

長田の知見を人種主義研究の立場から言い換えれば、次のようになる。人種概念が科学的・生物学的には虚構でありながら社会的に実在しつづけているように、「名誉白人」も法的には無根拠でありながら社会的には実在していた。換言すれば、「名誉白人」として理解されてきた人種的地位や経験とは、たんに南アフリカと日本政府という「上から」の合意がもたらしたものではなく、南アフリカ社会における人種的な葛藤の産物として「下から」も作られていったものということになるだろう。このように考えると、必然的に、われわれの問いも変わってくる。すなわち、「なぜ、いつから南アフリカでは日本人に特別な待遇が与えられたのか」ではなく、「他集団とのあいだで競合しあう『名誉白人』という人種カテゴリーは、南アフリカ社会においていかに構築されていったのか、そこにアジア系住民のエイジェンシーはどのような影響を与えたのか」を問う必要があるはずだ。

「名誉白人」をめぐっては、新たなカテゴリーの出現と保持、劣位に置かれた集団との差異化など、「第三の窓口」と共通する実践を見て取ることもできる。本研究では、当時の日本人企業駐在員と現地社会との距離や、次章で示す「無関心」という関係の作り方にも注目しながら検討していく。

五　人種主義史研究におけるアジア系移民の再中心化

南アフリカの悪名高き人種隔離体制下では、総人口の約七割を占める多数派のアフリカ人が無権利状態に置かれ、少数のヨーロッパ系入植者とその子孫だけが市民としての十全な権利を享受することができた。南アフリカの人種主義といえば、このような「白」と「黒」との対立図式で論じられることが多い。そもそも、南アフリカに限らず、オレリア・ミシェルが『黒人と白人の世界史』において「ヨーロッパ人はアフリカ人を奴隷にしたために人種主義者になった」と記しているように、人種主義にかかる歴史叙述はそうした二分法が深く根を下ろしている。ジョージ・フレドリクソンによる『人種主義の歴史』にも、アジアに関する言及はほとんど見られない[13]。

これに対し、本書が試みるのは、ヨーロッパによるアフリカ支配の極北とさえ呼ばれた南アフリカの人種主義について、アジアの側から光を当てることを通して、従来型の大西洋中心主義的な人種主義理解を克服することである。

もとより南アフリカの人種主義は、そのような二分法によってのみ描かれてきたわけではない。たとえば、西ケープ州や北ケープ州には独特の存在感を放ってきた集団として、「カラード」と呼ばれる人びとがいる。ここには、多様な組み合わせの異人種間通婚によって誕生した人びと、オランダ東インド会社によってジャワやマラッカ等から導入された奴隷の子孫や反体制派などを中心とするイスラム教徒の「ケープ・マレー」、ヨーロッパ人の到来以前からケープ地方から現在のナミビア南部にかけて生活を営んでいた牧畜民の「コイ」、南部アフリカ全域で暮らしていた狩猟採集民の「サン」の人びとなど、地理的にも文化的にも多彩な人びとが含まれる。ヨーロッパ系住民とアフリカ人とも異なる彼らに関しては、これまでにも多くの研究がある。

しかし近年では、一九世紀後半に始まったアジアからの移民の上陸と移民を管理するための諸実践が南アフリカの国境の生成を後押しし、不平等ながらも統一的な国民像の塑形を加速させたとの議論も提出されるようになった[14]。この議論の前提となっているのは、この時期のアジア人の大規模な移動とトランスナショナル空間における人種編成をめぐる研究蓄積である。

一九世紀中葉から二〇世紀前半は、人類がそれまで経験したことのなかったような広範な人の移動が発生した時期である。ヨーロッパにおける資本主義の拡大、金本位制による国際通貨制度の確立、資本輸出の加速と国際分業体制の発展、蒸気船や鉄道網の拡大といった輸送技術の革新、大西洋海底電信ケーブルに代表される電信網の発達、さらには競合する帝国による世界の分割とイギリス海洋帝国の成立などに特徴づけられ、まさに世界が一体化に向かった期間だった。パトリック・マニングの試算によれば、一八四〇年から一九四〇年までの一〇〇年間で、ヨーロッパ全体からの出移民数は五六〇〇万人なのに対し、中国からは五一〇〇万人、インドからは三〇〇〇万人であり、アジア発の移民の規模はヨーロッパ発の移民のそれをはるかに凌駕している。[15] 奴隷制廃止後の世界において、アフリカ人に代替する労働力として世界の裏側に運ばれ、また起業家精神を発揮して各地に雄飛したアジア人こそ、当時のグローバル化の主役だった。

アジア発の巨大な人流は、この時期の世界規模でのカラーライン（肌の色に基づく境界線）の形成に決定的な役割を果たした。白人性研究にトランスナショナルな転回をもたらしたマリリン・レイクとヘンリー・レイノルズは、アジア人の到来を深刻な脅威として受けとめたアメリカ・カナダ・オーストラリア・ニュージーランド・南アフリカというイギリス系白人入植者植民地（white settler colonies）の連携こそが、グローバルな白人性創出の契機となったと主張する。ここで描かれているのは、「他者」との遭遇に危機感と剥奪感を募らせた各地のヨーロッパ系住民のあいだに海を越えた家族的紐帯が芽生え、それを通して「白人」という集合的アイデンティティが再編される過程である。次章で詳述するように、パスポートや査証の制度、個体識別のための認証技術（指紋法）、個人の能力に基づいて入国希望者を選別する手法（識字テスト）など、今日われわれが国境を越えるときに経験する馴染み深い手続きの多くが、一八八〇年代から一九一〇年代までというごく短期間のうちに、アジア人たちの重要な目的地となった上記の入植者植民地において集中的に発明・整備・洗練された[16]。アジア人の移動を管理・抑制するための技術や法が整備されていく過程で、トランスナショナル／コロニアルな「白い想像の共同体」が出現し、それに随伴してグローバルな白人意識も強化されていったのだとすれば、南アフリカはその重要な舞台の一角であったことになる。そして当地に上陸したインド人、中国人、日本人も――まさにこの時期に南アフリカに渡ったガンディーも含め――そうした人種編成の重要な触媒であったといえるだろう。本研究も、人種主義史研究におけるアジア系移民の再中心化という潮流の一角をなしている。

六　アフリカ‐アジア関係研究の課題

「〈第三世界〉は今日、巨大なかたまりのごとくに」ヨーロッパの面前に対峙しているとフランツ・ファノンが記したのは、一九六一年のことである。一九五〇年代後半から六〇年代にかけては、アジア・アフリカ（バンドン）会議や非同盟運動が世界を席巻していた時期だった。それから一〇年後、ある対談の席で、ハンナ・アーレントは第三世界の連携について懐疑的な見解を披露している。いわく、第三世界とは実在（リアリティ）ではなくイデオロギーに過ぎず、ヨーロッパやアメリカに比べて低開発であるという共通点があるに過ぎないという。アーレントはそのうえで、アフリカ人とアジア人との関係についてこう言い放つ。「機会があったら中国人に向かって、あなたはアフリカのバンツー族とまったく同じ世界に属しているのだといってみてごらんなさい。きっとびっくり仰天するようなことになりますよ」[17]。

二一世紀に入って再び隆盛しつつあるアフリカ－アジアという枠組みは、かつて希望に満ち溢れていた第三世界の継承者なのか。それともアーレントの評価どおり、最初からそのような連帯など一部の人びとの願望に過ぎず、今日ではアジア諸国によるアフリカ進出の通行手形として利用されているだけなのか。

今日、アフリカとアジアとの関係といえば、アフリカ開発を主題とするアフリカ開発会議（TICAD）、中国－アフリカ協力フォーラム（FOCAC）、韓国－アフリカフォーラム（KAF）、インド－アフリカフォーラム・サミット（IAFS）などを思い浮かべる読者も多いだろう。一九五五年に開催されたのちに長らく中断していたバンドン会議も、二〇〇五年に五〇周年記念会議、二〇一五年に六〇周年記念会議が開催されるなど、アフリカ－アジア関係の強化を掲げる重要な国際会議が続いている。ちなみに、かつて「AA」と略されていた時代は「アジア－アフリカ」の順で表記されていたが、昨今は国際社会におけるアフリカの存在感の高まりを反映して「アフリカ－アジア」の順で表記されることが多い。

学術研究の世界でも、一九五〇年代後半から六〇年代にかけてアフリカ－アジア関係研究の第一波があり、日本では西野照太郎、岡倉古志郎、野間寛二郎らの研究がその嚆矢となった。岡倉は『第三勢力』（一九五三）『アジア・アフリカ問題入門』（一九六二）を皮切りに多数の著書を世に送り、一九六一年には東京に「アジア・アフリカ研究所」を設立している。また、野間は一九六三年にタンガニイカ・モシで開催されたアジア・アフリカ人民連帯会議からの帰国後に、「南アフリカ問題懇話会」（のちに「アフリカ問題懇話会」に改称）を主催している。

二〇〇〇年代以降には、『褐色の世界史』をはじめとするヴィジャイ・プラシャドの精力的な仕事が発表されるとともに、両地域の研究者が参加する本格的な共同研究がいっそう盛んになった。アリ・マズルイとセイフディン・アデム編 *Afrasia: A Tale of Two Continents*、ペドロ・ラポーゾ、ディヴィッド・アラセとスカーレット・コーネリセン編 *The Routledge Handbook of Africa–Asia Relations*、スカーレット・コーネリセンと峯陽一編 *Migration and Agency in a Globalizing World* といった重要な研究成果が出版されるとともに、ヨーロッパの研究機関が先鞭をつけるかたちではあるものの、大規模な学術研究ネットワークや国際研究集会も設立・開催されている。日本で二〇一八年に発足した学会 Japan Society for Afrasian Studies にも、日本の研究教育機関に所属するアフリカ人研究者が多数参加している。この学会の設立に尽力した峯陽一が、「二〇〇年後には世界の人口の約八割がアフリカとアジアの地域に居住していると見込まれており、これはアフリカ人とアジア人との対話の質が次の世紀を左右することを意味する」と宣言するように、アフリカ - アジア関係研究は近年大きな期待が寄せられている[18]。

これらは従前の人文・社会科学においてスタンダードとされてきた西欧中心の学術研究を「地方化」し、アフリカとアジアとの連帯がもつ潜在力を再評価する役割を果たしてきた。ただし、アフリカ - アジア連帯への強い願いゆえに、両地域とその人びととの交流の賛美に終始するなら、南アフリカで観察されたような両者の距離や葛藤は主題化の機会を失ってしまう。

ガンディー像をめぐる抗議運動を後押ししたのは、彼がアフリカで見せた未熟さを取るに足らないエピソードとして無効化してきたわれわれの否認主義だった。それを踏まえるなら、アフリカ - アジア関係研究においてこそ、友情を結びきれなかった過去を引き受け、それを積極的に論じていく必要があるだろう。

七　本書の構成

本書の構成は以下の通りである。

第一章「先行研究と調査の概要」では、人種主義研究の立場から南アフリカにおける日本人を論じるにあたり、本研究が踏まえる先行研究を検討していく。トランスナショナル空間における人種編成に加え、植民地空間におけるアジア系住民の中間性、そして「強いられたコスモポリタニズム」を体現したアジア系の移民たちの現地社会との関わり方などについて、それぞれの先行研究とその制約を論じる。また、本研究の射程や調査の概要も示す。

第二章「アジア系移民の到来と移民規制」では、先行研究の検討をもとに、南アフリカ初の移民規制法が一九一三年に成立するまでの前史を短く概観する。一九世紀末ごろよりインドや中国からの移民の存在が問題視され、さらなる流入・定着を抑止するために移民規制法が制定されるまでの期間は、南アフリカという国がその輪郭を現す時期でもある。アジア系住民への関心がけっして高くはなかった南アフリカにおいても、近年では、アジアからの移民を管理するための実践が不平等ながらも統一的な国民像の塑形を加速させたことや、移民規制法が南アフリカ社会の人種的秩序の再編と深く結びついていたことが指摘されるようになっている。

第三章「名誉と排日」では、南アフリカの移民規制に対する日本側の交渉と、その帰結として一九三〇年に南アフリカと日本とのあいだで交わされた紳士協約の成立経緯に注目する。これをアジア人の移動を梃子に生起した受入地の連携や相互参照といった連なりに注目しながら検討することで、南アフリカ－日本関係の特異性を強調するような例外主義的な理解を刷新し、トランスナショナルな空間における人種編成を浮かび上がらせる。また、トランスナショナルな人種編成を論じるための方法論としては、「連なり（connectivities）」を採用する。連なりとは、サンジャイ・スブラフマニヤムの『接続された歴史』に代表されるグローバル・ヒストリーの潮流や、その影響下にあるガルミンダ・バンブラによる *Connected Sociologies* から刺激を受けている。バンブラは社会学における主要な分析方法のひとつである比較よりも連なりを掬いあげるアプローチこそが世界をグローバルな空間として出現させ、そこにおいてグローバル社会学は可能になると主張している[19]。

第四章「『泡』のなかから覗いたアパルトヘイト」は、アパルトヘイト期の日本人コミュニティに光を当てる。南アフリカでは一九四八年にアパルトヘイト体制が始動、一九六〇年には英連邦を脱退して南アフリカ共和国へと移行したが、この時期に唯一南アフリカの扉を叩き続けたアジア人が企業駐在員を中心とする日本人だった。彼らは「白人」エリアでの居住を許可されながらも、条件つきで入国・滞在し、土地所有や永住権取得が認められず、南アフリカ社会に「間借り」するという曖昧な存在だった。企業駐在員を中心とするコミュニティは、現地社会に「エクスパトリエイトの泡《バブル》」を形成し、その内側に自閉して暮らすといわれる。本章では、そのような「泡」の存在にも注目しながら、日本人がいかに人種隔離を経験し、いかに対処したのかを検討する。アパルトヘイト期の南アフリカに居住経験のある日本人に対して実施したインタビュー・データと、二次文献とをあわせて分析していく。

第五章「人種概念としての『名誉白人』」は、引き続きアパルトヘイト期の日本人の位置について、南アフリカの議会議事録、両国での報道やインタビュー・データを使用しながら、南アフリカで誕生した「名誉白人」という呼称が、そう名指された人びとの自己認識にいかに影響を与えたのかを問う。分析にあたって念頭に置いているのは、二〇一〇年代以降の人種主義研究で蓄積されている関係論的なアプローチである。従来の人種差別研究では、あるマイノリティ集団が白人性との関連でいかに人種化されたかなど、「白人」と「非-白人」との関係にのみ照準する傾向にあった。これに対し、関係論的なアプローチでは、人種的カテゴリーを生成させる言説的実践やその意味と結びついた社会関係の配置について、他のマイノリティ集団も含めた関係のなかで組織化されるものとみなす。本章でも、「名誉白人」というカテゴリーが中華系住民との関係のなかでいかに創出され、そして「名誉白人」という概念の登場がいかに中華系住民の実践や彼らの位置に作用したのかを論じる。

終章では、右の議論を踏まえ、再度ガンディー像をめぐる論争に戻り、アフリカ側からの問題提起をいかに引き受けるかを問う。

八　用語について

本書では、人種や肌の色を自明視するような表現を避けるため、「白人」「黒人」等は使用せず、けっして最良の表現ではないものの、「ヨーロッパ系」「アジア系」「アフリカ人」等を用いる。やむを得ず「白人」等を使用する際には、カッコつきで表記する。また、ある地域の出身者を指す場合には「〜人」か「〜系住民」、南アフリカに定着した人びとや南アフリカで生まれたその子孫は「〜系住民」、両者が混在しているような場合は包括的に「〜系」と表記する。「Settler colony」の日本語訳には「定住植民地」も使用されるが、本書では「入植者植民地」を採用する。

アフリカ人

南アフリカやアフリカ大陸で生まれ、ヨーロッパ人から「原住民」「バントゥー」等と呼ばれてきた、この地の多数派を占める人びとを指す。「バントゥー」とは言語グループの名称に由来している。彼らはヨーロッパ人によってズールー、コーサ、ソト、ツワナなどの集団に分類され、アパルトヘイト期には集団ごとの「ホームランド」が指定されるなどして分断が図られてきたが、実際には集団間の通婚も多く、複数言語の話者も一般的である。

アジア系

アジアで生まれた人びとや、その子孫の人びと。本書では、一九一三年の移民規制法制定時に内務大臣が「禁止移民」に指定した「Asiatic person」に含まれた人びと、すなわちインド系・中国系・日本人を指す。

ヨーロッパ系

南アフリカの「ヨーロッパ系」ないし「白人」とは、南アフリカかその他の地域で生まれた「白人」である。父母の双方がヨーロッパ出身か南アフリカで生まれたヨーロッパ系とされているが、実際にはいわゆる異人種間の性交・通婚を通じて「混血」した人びとも含まれる。ヨーロッパ系住民は、アフリカーンス語を第一言語とする人びとと、英語を第一言語とする人びとから構成されている。両集団はかつて南アフリカ戦争（一八九九〜一九〇二）で戦火を交えたこともあり、心情的な対立も深かったが、一九一〇年の南アフリカ連邦成立から民主化に至るまで、制度的にはともにこの国の支配層を形成してきた。

カラード（Coloured）

カラードという語は、二〇世紀初頭よりヨーロッパ系でもアフリカ系でもない人びとを指すようになり、一九五〇年の人口登録法によって人種カテゴリーのひとつになった。人びとの文化的・地理的背景は多様で、さまざまな組み合わせの異人種間通婚によって誕生した人びと、オランダ東インド会社によって導入された奴隷の子孫や同地のオランダ支配に抵抗した反体制派、さらにヨーロッパ人到来以前からケープ地方から現在のナミビア南部にかけて生活を営んでいた牧畜民の「コイ」、南部アフリカ全域で暮らしていた狩猟採集民の「サン」などが含まれる。カラードの人びとの多くは西ケープ州、北ケープ州に居住している。

ケープ植民地（Cape Colony）
イギリス植民地として一八五四年に代表政府となり、一八七二年に責任政府樹立。一九一〇年に南アフリカ連邦の一部となった。

ナタール植民地（Natal Colony）
一八四三年よりイギリス植民地。一八五六年より代表政府、一八九三年に責任政府樹立。一九一〇年に南アフリカ連邦の一部となった。

オレンジ自由国（Orange Free State）、**オレンジ川植民地**（*Orange River Colony*）
一八五四年から一九〇一年までボーア人の独立共和国で、一九〇二年よりイギリス植民地となり、一九〇八年に責任政府樹立。一九一〇年に南アフリカ連邦の一部となった。

トランスヴァール／南アフリカ共和国（South African Republic）、**トランスヴァール植民地**（Transvaal Colony）
一八五二年よりボーア人の独立共和国、一八七七年にイギリス帝国に併合、一八八一年より再び独立を回復。一九〇二年よりトランスヴァール植民地。トランスヴァール植民地は一九〇二年よりイギリスの直轄植民地、一九〇六年に責任政府樹立。一九一〇年に南アフリカ連邦の一部となった。

南アフリカ連邦（Union of South Africa）

ケープ植民地、ナタール植民地、オレンジ川植民地、トランスヴァール植民地の統合により、一九一〇年に成立した。一九六一年に南アフリカ共和国となる。

人口登録法（Population Registration Act）（一九五〇）

アパルトヘイト基幹法のひとつ。すべての人が「白人」、「カラード」、「原住民（のちに「バントゥー」「黒人」と呼称される）」のどれかに分類される。「カラード」と「原住民」はさらに下位カテゴリーに分けられた。アパルトヘイト的な隔離を科学的人種主義の産物とする見方もあるが、実際には、人種の審査にあたっては社会的認知、すなわちどの人種集団のメンバーとして暮らしてきたかが重要な基準となっていた。また、その決定においては、当該人物の習慣、教育や話し方、品行や行状を考慮することになっていた。多くの地域と同様に、南アフリカにおいても「人種」には生物学的なマーカーとともに文化的なマーカーがあり、一方が他方に対して同語反復的な役割を果たしていた。一九六七年の改正については第五章参照。

原住民土地法（Native Land Act）（一九一三）

一九一三年に制定された原住民土地法は、国土の九パーセントを「原住民居留地」に指定し、それ以外のエリアでアフリカ人が土地を所有することを禁止した。「居留地」は、三六年の「原住民信託土地法」により国土の一三パーセントまで拡大されている。南アフリカの作家・ジャーナリストで政治家のソル・プラーキは、原住民土地法の制定について、「一九一三年六月二〇日金曜日の朝に目が覚めると、自分が生まれた土地でよそ者 pariah になっていた」としてその剥奪感を表現している[20]。

集団地域法（Group Areas Act）（一九五〇）

都市地域を人種ごとに厳格に区分し、指定された人種集団以外の人びとがそこで暮らし、働くことを禁止した。

隔離施設留保法（Reservation of Separate Amenities Act）（一九五三）

鉄道やバス、学校、教会、ホテル、レストラン、映画館、公衆トイレ、海水浴場といったあらゆる公共施設や空間を、「白人」用と他の人種用に分割することを定めた。

【注】

［1］ガンディー 2004.

［2］Desai & Vahed 2016.

［3］アパルトヘイト apartheid とは、アフリカーンス語で「隔離」の意。「アパルトヘイト体制」とは、一九四八年より導入された人種隔離体制を指す。

［4］Guha 2014 : 12.

［5］Desai & Vahed 2016 : 37, 44, 105–115.

［6］Vahed 2017 : 113, 120. ガンディーのこうした側面については、日本でもすでに一九八〇年代に紹介されていた。ジョーゼフ・リリーヴェルドの『お前の影を消せ』は、以下のように記述している。「モハンダス・K・ガンジーは、ズールー族弾圧作戦が始まったころ、『前線で黒んぼと戦っている兵士たちへの特別基金』をダーバンのインド人社会で呼びかけた。ズールー族を敵とするこの作戦は、『白人のおえら方にすこぶる好ましい印象』を残すことになりそうな方法で『市民であることの義務を市民が理解しているということを示す絶好の機会』をインド人に与えた、とガンジーは書いている」(Lelyveld 1985＝1987 : 361)。

［7］Guha, 2018, "Setting the Record Straight on Gandhi and Race", https://thewire.in/history/setting-the-record-straight-on-gandhi-and-race.（２０２２年２月５日最終アクセス）, Joseph 2019 など。ナタール時代のガンディーと南アフリカ人教育者で政治家のジョン・デュベは、イナンダ地域のいわば隣人どうしだった。ガンディーは自身が発行する新聞紙上でデュベに触れ、「誰もが知っておくべき人物」として称賛している。ただし、両者のあいだにどの程度の交流があったかについては評価が分かれる。

［8］Collected Works of Mahatma Gandhi Vol. 1: 367–368.

［9］今日では、南アフリカの文脈から離れたところで使用されることも多い。たとえば、古屋はるみは明治期から第二次世界大戦期までの日本人の人種アイデンティティを論じながら、「名誉白人」という語を「白人への自

己昇格」「自己白人化」の意味で用いている。「二〇世紀に入ると、白人と同様に近代化、産業革命化に成功したことをもって、日本は自らを、白人リーグのメンバーとして、さらに正確にいえば、〈名誉白人〉国とみなすようになった。（中略）日本の植民地政策については、これまでにも少なからぬ歴史家が、白人への自己昇格とアジア人に対する侮蔑を中心に分析を重ねてきた。ジョン・ダワーは *War Without Mercy*（邦訳名『人種偏見』）において、一九世紀末の日清戦争に遡り、日本人の自己白人化を論じている」（古屋 2003 : 164）。

移民政策やエスニック・マイノリティの包摂／排除をめぐる議論において用いられることもある。社会学者ミア・トアンはカリフォルニアにおける三世以降の中華系アメリカ人と日系アメリカ人の位置について、「forever foreigners 永遠の外国人」か「honorary whites 名誉白人」かと表現した（Tuan 1998）。トアンによれば、アフリカ系アメリカ人たちが社会経済的には周縁化されながらも外国人とはみなされないのに対し、アジア系アメリカ人は主流社会に一定程度は同化しながらもけっしてアメリカ人とはみなされないという。ここでは「名誉白人」とは、ミドルクラス性を身につけながらも主流社会に完全に統合されることがないようなマイノリティを指している。やはりミドルクラス化した人種的マイノリティ集団を指す用法として、塩原良和は新自由主義的な多文化政策における非白人の高技能移民の優位性を指摘する際に「名誉白人」を使用し、高い技能を身につけた「非白人」移民は肌の色の桎梏を逃れ得ることが示されている（塩原 2005 : 151–152）。人種的秩序と白人性の文脈では、エドゥアルド・ボニラ＝シルヴァが計量的な分析をもとに、アメリカの人種構造が従来考えられていたような二層制ではなく、「白人（whites）」「名誉白人（honorary whites）」「黒人の集合体（collective blacks）」の三層から構成されているとし、人種的階梯における緩衝的な中間層を「名誉白人」として概念化した（Bonilla-Silva 2004）。

［10］静岡新聞一九八一年三月九日。

［11］野間1969 : 1.

［12］野間1969 : 236.

[13] Aurélia Michel 2020＝2021, Fredrickson 2002＝2009.
[14] Klaaren 2017.
[15] Manning 2005 : 236.
[16] Lake & Reynolds 2008, Mckeown 2008.
[17] Fanon 1961＝2004 : 312, Arendt 1972＝2000 : 205-206, 高橋 2010.「バンツー」については、本章の「八 用語について」参照。
[18] プラシャドの作品のうち本研究と関連したものとして、*Everybody Was Kung Fu Fighting: Afro-Asian Connections and the Myth of Cultural Purity*, Prashad 2001,『褐色の世界史』Prashad 2007＝2013など。Mazrui & Seifudein 2013, Raposo, Arase & Cornelissen eds. 2018, Cornelissen & Mine eds. 2018, 山本 2019, 峯 2019.
[19] Subrahmanyam 2005＝2009, Bhambra 2014. Connectivities, Connected の訳語は、スブラフマニヤムの作品の邦訳では「接続」と訳出されており、また論者によっては「連関」「連結」が使用されている。本書では、バンブラの Rethinking Modernity が金友子によって『社会学的想像力の再検討 ── 連なりあう歴史記述のために』と訳出されていることにヒントを得て、「連なり」という表現を採用する（Bhambra 2007＝2013）。
[20] Plaatje 1916.

第一章　先行研究と調査の概要

一　はじめに

本章では、人種主義研究の立場から南アフリカにおけるアジア系住民の位置や「名誉白人」を論じるにあたり、本研究が踏まえる先行研究を検討する。まず、トランスナショナル空間における人種編成に関する先行研究、次に、アフリカの植民地空間においてアジア系の人びとが抑圧者であり被抑圧者でもあるという両義性、つづいて「強いられたコスモポリタニズム」を体現したアジア系移民たちとホスト社会との関わり方について、それぞれの先行研究とその制約を論じる。それらをもとに、最後に本書の射程と調査の概要を示す。

二　トランスナショナル空間における人種編成

二－一　労働移民の時代

現時点における「人種平等」の問題は、主として以下の国々に関係がある。すなわち、日本、中華民国、英領インド、アメリカ（主にカリフォルニアと太平洋岸の諸州）、カナダ、オーストラリア、ニュージーランド、南アフリカである。最初の三ヶ国はあとの五ヶ国の領域内における移民の自由と、法的権利剥奪という差別の停止を要求している。この問題は、経済的または政治的な観点から論じることもできるが、本質的には人種問題である。[1]

パリ講和会議後にイギリス外務省が作成した文書「人種差別と移民（Racial Discrimination and Immigration）」（一九二一年一〇月一〇日付）は、この時期の「人種問題」の舞台として、アメリカ西海岸、カナダ、オーストラリア、ニュージーランド、南アフリカを挙げている。本節では、一九世紀中葉からのアジア人の移動とその結果として出現したグローバルなカラーラインに注目することにより、南アフリカがいかにこの時期の人種編成の震源地となったのかを示していく。

表1-1　グローバルな移動（1840-1940年）(Mckeown 2011: 47)

目的地	出発地	規模	その他の出発地
アメリカ大陸	ヨーロッパ	5,500-5,800万人	インド、中国、日本、アフリカ（250万人）
アジア東南部、インド洋岸、オーストラレイジア	インド、中国南部	4,800-5,200万人	アフリカ、ヨーロッパ、アジア北東部、中東(500万人)
満州、シベリア、中央アジア、日本	アジア北東部、ロシア	4,600-5,100万人	

序章でも触れたように、本書の起点となる時期、つまり一九世紀半ばから第一次世界大戦開始までの約四分の三世紀は、人類史上先例がないほど大規模な人の移動が発生した時期だった。当時の税関等の記録を検討したアダム・マッキューンの試算によれば、一八四〇〜一九四〇年の一〇〇年間に、全世界で少なくとも一億五〇〇〇万人の長距離移動があったという。その目的地は三つのフロンティアに大別される。（1）アメリカ大陸、（2）アジア東南部とインド洋岸・オーストラレイジア、そして（3）満州やシベリア・中央アジア・日本を含むアジア北部である（表1-1）。移民の規模と出身地は、（1）の地域に対しては、ヨーロッパからの移民が五五〇〇〜五八〇〇万人、他にインド、中国、日本、アフリカからの移民が二五〇万人、（2）の地域に対しては、インドや中国南部からの移民が四八〇〇〜五二〇〇万人、他にアフリカ、ヨーロッパ、アジア北東部、中東から五〇〇万人、（3）の地域に対しては、アジア北東部とロシアから四六〇〇〜五一〇〇万人だった。当時、この三地域の人口増加率は世界平均の約二倍、世界の人口においてそれら三地域が占める割合は一〇パーセントから二四パーセントに上昇し

たほどだった。[2]
奴隷制廃止後の世界でそれに代替する労働力としてアジアからの年季契約労働者の需要が高まったこの時期、国際的な移民といえば、多くが労働移民を指していた。ラディカ・モンジアによれば、二〇世紀初頭までのインドの法において、「emigrate」や「emigration」という語は、セイロン島や海峡植民地を除いたインド領域の外に労働契約のもとで移動することを指していた。[3]
日本でも、一八九六年に制定された「移民保護法」は移民斡旋業者の搾取から移民を保護する目的で制定されたものだが、第一条に「本法に於いて移民と称するは労働に従事する目的を以って外国に渡航する者及其の家族にして之と同行し又は其の所在地に渡航する者を謂う」とあるように、「移民」を労働に従事する目的で移動する人びとと定義づけている。この時期のグローバル化は、「労働移民の時代」と呼ぶことができるだろう。[4]
アジアから放たれた人流は、国際社会における日本の存在感の高まりとも相まって、各地に黄禍論とも呼ばれるアジア人脅威論と移民排斥の嵐を招来した。黄禍論についてはこれまでも多くの研究蓄積があるが、[5]近年ではアジア人をターゲットとする移民管理行政と国境の創出との関係に注目する研究も広がっている。先述のマッキューンが強調しているのも、パスポートや査証の制度、個体識別のための認証技術（指紋法）、個人の能力に基づいて入国希望者を選別する手法（識字テスト）など、今日われわれが国境を越えるときに経験する馴染み深い手続きの多くが、一八八〇年代から一九一〇年代までというごく短期間のうちに、アジア人たちの重要な目的地となったアメリカ・カナダ・オーストラリア・ニュージーランド・南アフリカというイギリス系の入植者植民地において集中的に発明・整備・洗練されたということだった[6]。つまり、これらの地でアジア人の排斥を目的として導入された統治手法の数々が国境管理におけるプロトタイプとなり、のちに主権国家体制における標準装備として採用されていったことになる。国境管理の技術は、さらにいえば国境それ自体が、アジア人の大規模移動と不可分なのである[7]。

この知見は、ジョン・トーピーの『パスポートの発明』が見落としていた点でもある。トーピーの整理によれば、ヨーロッパではおおむねフランス革命と一八四八年革命を機に危険分子の流入を防止するべく各国で移動の規制が強化されるが、その後は緩和に向かい、パスポートに類する手続きについても廃止に向かう国が少なくなかった。国境の管理が再強化されたのは第一次世界大戦時だという。他方、オーストラリアやアメリカにおいては早くも一八六〇年代よりアジア人の上陸を制限するための政策が導入され、ヨーロッパが国境管理に関して寛容だった世紀転換期には、南アフリカやニュージーランド、カナダでも移民規制へと舵が切られる。つまりこの時期、国境管理に関してヨーロッパとこれら入植者植民地は正反対の展開を遂げたことになるが、その理由についてトーピーはほとんど踏み込んでいない。それは監訳者である藤川隆男もあとがきのなかで言及している通り、トーピーにはアジア人の移動が見えていなかったためではないか[8]。

アジアからの移民の到来を、国民国家の形成史に再配置した議論もある。ジェフリー・レッサーは、一九世紀後半の中国人労働者の到来がブラジルの指導者たちに与えた衝撃に触れ、定着した中国人は限られていたにもかかわらず、ヨーロッパ系でもアフリカ系でもない人びとの存在はブラジル国民とは誰なのかを構想する青写真となり、ナショナル・アイデンティティの形成に棹さしたと論じている。また、貴堂嘉之もこの時期のアメリカにおける「中国人問題」を追いながら、パスポート法の原型となるような出入国管理の文書化や、連邦初のＩＤカードとなった写真つき登録証などが、中国からの移民の規制やすでに入国した中華系住民の出入国管理のために開発されたことを指摘した。そのうえで、こうした実践により、世界の移民をあまねく受け入れてきたアメリカがいかに監視・管理を前提とした門衛国家へと変貌したかを論じた[9]。

南アフリカについても、二〇一〇年代以降、同様の議論が提出されるようになった。ジョナサン・クラーレンは、一九世紀後半から二〇世紀前半にかけて導入されたアジア系移民の管理と規制を目的とする多様な実践が、不平等ながらも統一的な南アフリカ国民像を基礎づけたと論じている[10]。この時期のアジアからの移民は、多くの地域でナショナルな境界の画定を後押しする役割を果たした。

二-二　トランスナショナル／コロニアルな「白い想像の共同体」

アジア人の移動とそれがもたらした白人性の出現を描いているのが、マリリン・レイクとヘンリー・レイノルズによる *Drawing the Global Colour Line* である。ここで描かれるのは、黄禍論の反転としての「白い想像の共同体」である。それによれば、アジア人の到来を深刻な脅威として受けとめたアメリカ・カナダ・オーストラリア・ニュージーランド・南アフリカというイギリス系入植者植民地の連携こそがグローバルな白人性創出の契機となり、さらに各地のローカルな人種的秩序にも作用した。オーストラリアを例にとれば、一九〇一年のオーストラリア連邦と白豪主義は、アジア人から「白人の国（white man's country）」を防衛するというトランスナショナル／コロニアルなプロジェクトの影響下で成立したという見立てが示されている[11]。

同時に、レイクとレイノルズが強く意識しているのは、入植者植民地とヨーロッパとの隔たりである。当時、オーストラリアやアメリカで広く読まれたチャールズ・ピアソンの *National Life and Character* は、「下等人種」の人びとが遠からず「高等人種」と対等な地位を獲得するという「予言」を提示していた[12]。地球上のほぼ全域が西欧列強の勢力範囲に収められていた時代にあって、二〇世紀には「有色」の世界が存在感を増し、いずれは西欧の世界が優位性を喪失していくという未来をいち早く予見していたのはこれらの入植者植民地であり、その意味において、この時期に世界の行方を映していたのはメルボルンやサンフランシスコ、ダーバンだったといえる。

ここまで見てきたように、労働移民の時代には、アジア人の移動の管理・抑制を目指す包囲網に随伴して、グローバルな白人意識が強化されていった。南アフリカはその重要な舞台の一角であり、そこに上陸したインド人、中国人、日本人もまたそうした人種編成の重要なアクターだった。このような前提に立つことで、人種主義研究を「白」と「黒」とを対置させるような伝統的な枠組みから解放し、白人性の構築過程を動態的に把握することも可能になるだろう。

ただし、アジア人の移動とグローバルなカラーラインの生成に照準するアプローチは、いくつかの制約を孕んでいる。第一に、レイクらの研究は白人性研究であり、アクターとしてのアジア人の姿はじゅうぶんに掬いあげられていない。これは、オレリア・ミシェルの『黒人と白人の世界史』が、アフリカ人を奴隷とすることで「白人」が作られていく過程を描いた白人性の構築史であり、もう一方の主役であるはずの「黒人」の描写が乏しくなってしまうのと同様である。[13]第二に、移民受け入れをめぐる議論に照準すると、アジア系移民の位置の変容が見落とされやすくなる。目的地に上陸・定着を果たしたアジア系住民のなかには、次第に待遇が改善されたり、異なるカテゴリーに再編されたりすることもあった。たとえば、一九世紀後半よりミシシッピ・デルタに到来した中国人は、当初はアフリカ系労働者と同等か、「白」でも「黒」でもない第三の集団のように見られていたが、次第に「白人」社会の一部へと昇格を遂げた。[14]こうした人種カテゴリーの弾力性にも注視する必要がある。第三に、アジア系移民を白人優越主義の犠牲者や抵抗者として単純化することにより、地位向上を目指す彼らの諸実践がときに「土着」の人びとに対する抑圧として働くという複雑さが等閑視されやすくなる。被抑圧者であり抑圧者にもなりえた彼らの二面性を捕捉しつつ、ホスト社会との関係を把握していくことが求められよう。

三　中間性の批判的検討

三－一　アフリカにおけるアジア人

人種的な秩序において、アジア人は抑圧者の側なのか、被抑圧者の側なのか。非白人なのか、非黒人なのか。本節では、人種・エスニシティ研究で論じられてきたアジア人の中間性について、先行研究を批判的に検証したうえでそれらの課題を示す。

一九六〇年代にヒューバート・ブラロックが、一九七〇年代にエドナ・ボナシッチがミドルマン・マイノリティ論を提出して以降、アフリカ各地のアジア人はしばしばそう呼ばれてきた。ミドルマン・マイノリティの特徴は、階層化された社会において特権層と貧しい大衆との間の中間的な地位を占めていること、貿易商や仲介業などモノやサービスの流通過程で仲介的な役割を果たすこと、現在の居住地への関わりが希薄であるということ、起業家精神の持ち主が多く、故国とのつながりや家族・親族ネットワークを活かした小規模ビジネスを生業としていることである。移入した新たな土地に永住することを望まず、忠誠を示さないと批判されることも多い。同時に、日常的に接触する機会の多い大衆層からは搾取者とみなされ、特権層からは商売仇とみなされるなど、多方面から敵意を向けられやすいともいわれる。古典的な例として知られるのは、ヨーロッパのユダヤ系、東南アジアの中華系、東アフリカのアジア系、トルコのアルメニア系、西アフリカのシリア系、インドのパールシー系などである。南アフリカの人種エスニシティ研究の先駆者のひとりであるピエール・ファン・デン・バーグは、南アフリカのミドルマン・マイノリティとしてインド系と中華系を挙げている。ミドルマン・マイノリティ論を展開するうえでファン・デン・バーグから助言を受けたというボナシッチも、南アフリカのインド系住民について、南アフリカ社会の上位集団からも下位集団からも敵視されていると説明し、もし南アフリカの「白人」とアフリカ人が手を組めることがあるとすれば、それはインド系への敵視であると付け加えている。[15]

今日までつづく入植者植民地の支配‐被支配関係を三者関係で説明しているのが、入植者植民地（settler colonialism）論の代表的論者であるローレンツォ・ヴェラチーニである。ヴェラチーニは、入植者植民地の社会空間を「入植した植民者」「先住の被植民者」「外来の他者」の三者関係のなかで論じ、「先住の被植民者」が隔離の対象となるのに対し、「外来の他者」は選別的な同化の対象として比較的寛容に処遇されるとした。[16] このモデルによれば、南アフリカの「入植した植民者」であるアジア系住民は、「先住の被植民者」であるアフリカ人に比べて優遇されやすい立場にあったといえる。

先に挙げた東アフリカのアジア系住民に関連した悲劇のひとつに、一九七二年にウガンダで発生したアジア系追放事件があるが、[17]マムフード・マムダニはこの悲劇を振り返りつつ、アフリカにおけるアジア系の立場は一様ではなく、とりわけ入植者植民地と非入植者植民地を区別する必要があると指摘する。「南アフリカやケニア、アルジェリアのような入植者の植民地では、帝国主義国からの移民が中間者の機能（middleman's function）を独占した。ウガンダやタンガニーカのような非入植者の植民地では、この機能は他の植民地からの移民が担っていた。入植者の植民地ではアジア系が植民地支配の犠牲になったが、ウガンダのような非入植者の植民地では無条件にそうとはいえない」[18]。マムダニの整理に従えば、アフリカにおけるアジア系をめぐる環境は一様ではなく、ウガンダのアジア系住民はアフリカ人からの反感を集めやすかったのに対し、南アフリカのアジア系住民はより強く抑圧されていたということになる。

「ミドルマン」という独特な位置の前提となっているのは、階層分化された社会である。南アフリカのように入植者と先住者とが厳格に分割され、序列化された社会には、そのような余地が生まれやすい。そしてアジアからの移民は、その位置の不安定さゆえに、支配者のコラボレイター（対敵協力者）のような立場へと誘い込まれやすかったもいえよう。

三－二　中間から交差へ

こうした古典的研究を踏まえつつ、アメリカの人種主義研究においては、アジア系住民の地位の曖昧さと両義性についての議論が蓄積されてきた。

人種主義に関する社会学的研究の代名詞となっているマイケル・オミとハワード・ワイナントによる *Racial Formation in the United States* では、アメリカにおけるネイティブ・アメリカン、アフリカ系、メキシコ系、アジア系という諸集団について、大量虐殺、奴隷制とジム・クロウ、植民地化、排斥といった異なる迫害を経験してきたと論じられる。いわば、マイノリティ集団がくぐりぬけてきた痛苦に軽重をつけるのではなく、それぞれが異なる苦境にあったとする議論である。制度的人種主義（systemic racism theory）の理論家たちからは、人種編成論はカテゴリー創出に注目するあまり、人種的ヒエラルキーがいかに維持・再生産されるかといった議論を回避しているという批判も向けられている[19]。

また、エドゥアルド・ボニラ＝シルヴァは、計量的な分析をもとに、ラティーノやアジアからの移民が増加した現代のアメリカの人種構造について、従来考えられていたような「白人」と「アフリカ系」という二層制ではなく、「白人（whites）」「名誉白人（honorary whites）」「集合的黒人（collective blacks）」の三層から構成されていると論じた。いわば、人種的階梯をおおまかに三層に整理することで、アジア系をその中間として位置づけたことになる。ボニラ＝シルヴァは、緩衝的な中間層の特徴として、意図的であるか否かにかかわらずその中間性ゆえに差異化戦略を取ることがあり、それが社会の人種的秩序に強度を与えるとも記している[20]。

前二者とは異なり、各集団間の関係を一元的に序列化するのではなく、多元的な人種的序列として理解するアプローチを提唱したのが、クレア・キムによるracial triangulation論である。彼女は、アジア系のマイノリティがカラーラインの「白」の側と「黒」の側のどちらに位置づけられているかといった一次元的な理解の限界を指摘、「人種的価値化」と「市民的受容」という二つの軸を提示したうえで、アジア系住民は「人種的価値化（優等／劣等）」の軸ではアフリカ系より優位に置かれ、「市民的受容（インサイダー／アウトサイダー）」の軸ではアフリカ系よりも周縁化されるという、独特の位置を経験していると主張した。[21] いわば、二つの軸の交差に注目することで、アジア系住民を「周縁化されたモデルマイノリティ」として浮かび上がらせたといえる。

そもそも中間性という概念が人種主義研究で最初に使用されたのは、白人性研究で知られるデイヴィッド・ローディガーが、ジェイムズ・バレットとともに共著で発表した論文である。この論文で彼らは、一九世紀末から二〇世紀前半までにアメリカに移入した東南欧系移民の曖昧な地位について、人種的境界に関する一貫性の欠如こそが特徴であるとして、その性格を中間性（inbetweenness）と呼んだ。[22] つまり、彼らのいう中間性とは、たんに一方の極と他方の極のあいだの位置ではなく、人種化の過程における境界線の状況依存性や多元的構成を指していた。その意味において、キムの議論はローディガーとバレットの延長線上にあったといってよいだろう。

本節の議論をまとめれば、入植者によって建設された南アフリカのような入植者植民地では、「外来の他者」たるアジアからの移民は、アフリカ人に比べて比較的寛容に処遇されやすく、その両義性こそが彼らの重要な特徴である。ミドルマン・マイノリティ論が示唆するところによれば、彼らは故国とのネットワークや居住地での不安定な立場ゆえに培われる起業家精神により、ヨーロッパ系の特権層と貧しいアフリカ人の双方から敵意を向けられやすい。同時に、入植者植民地として南アフリカと共通項も多いアメリカにおいては、各マイノリティ集団がどれほど劣位に置かれ、どれほどの痛みを強いられてきたかといった平板な理解を克服するべく、人種的序列の多元的構成を提示する試みも進んでいる。

ただし、とりわけ入植者植民地論のように、三者関係の背景構造を記述する議論では、当の移民たちが客体化されやすくなるのは否めない。そのような描写においては、移民たちのホスト社会に対する構え方や、社会空間への適応ないし不適応にかかる議論は後景に退いてしまう。

四　移民たちの無関心

四－一　労働移民の時代のソジョナーたち

ここからは、シカゴ学派の影響下にあるシウ（Siu, Paul Chan Pang）の「ソジョナー」概念に注目し、移民側の視点を検討する一助としていきたい[23]。ソジョナーについては、シウ自身の足跡と切り離すことができないことから、水上徹男が紹介したシウの足跡をたどりつつ検討していく。

一九〇六年に中国広州南西部の農村で生まれたシウは、先に出稼ぎに来ていた父に呼び寄せられるかたちで、一九二七年にアメリカに上陸した。シカゴで働きながら夜間の学校で学ぶなか、級友の紹介で一九三二年にシカゴ大学の都市社会学者アーネスト・バージェスに出会う。バージェスに高く評価されたシウは奨学金を得てシカゴ大学に入学、ルイス・ワースやすでに退職していたロバート・パークの薫陶を受けてチャイナタウンの賭博師について調査を実施した。一九五三年にシカゴ大学に博士論文を提出したときには、すでにバージェスは退職、ワースは他界しており、シカゴ学派の黄金期は過ぎていた。シウと妻は中国への帰国を望んでいたものの、朝鮮戦争の影響で帰国を断念せざるを得なかった。その後はカンサス、シカゴ、ボストン、ミシガンと転居し、ニュージャージーの小さな町で一九八七年に永眠した[24]。

ソジョナー概念は、アメリカで洗濯業を営む中華系移民に関する実証研究をもとにした論文"The Sojourner"によって提示されたものである。洗濯業は、人種的偏見に晒されていた中国人にとって、かろうじて選択可能な職種のひとつだった。当時のアメリカの都市社会学・移民研究では、移民のホスト社会に対する定住形態や同化の過程を問うようなアプローチが主流を占めていたが、シウが描いたソジョナーとは、それでは捉えきれないような特性を持っていた。その姿は、ホスト社会の構成員となることを積極的に望まずに孤立する一方で、出自集団との関係に固執し、シウ自身がそうであったように、帰国の具体的な予定はないものの永住を決意するにも至らない、消極的な長期滞在者だった[25]。

シウはソジョナーを概念化するにあたり、ゲオルク・ジンメルの「よそ者」とパークの「マージナル・マン」等を参照している。シウの説明によると、マージナル・マンは二つの異なる文化の境界線上に位置する人びとだが、ソジョナーは自身のエスニック集団内の規範や価値に執着する傾向にあることから、これには適合しない。また、やや意外ではあるが、シウは外交官・留学生・海外駐在員といった特権的な一時滞在者もソジョナーの例に含んでいる[26]。彼が重視したのは、職業、階級、渡航の目的などよりも、ホスト社会から距離を取るような構え方にあったことがわかる。

ボナシッチによる前出の議論では、ミドルマン・マイノリティがホスト社会の他集団とのあいだで衝突が生じやすい理由として、一時滞在の影響（the effects of sojourning）を挙げている。すなわち、居住年数にかかわらず故国へ戻るという望みを維持しつづけるために、当該社会に同化せず、忠誠心を欠くような傾向である[27]。ボナシッチはシウの研究を参照しており、そこから学んでいたことがうかがわれよう。

シウが研究対象としたアメリカで洗濯業を営む中華系移民も、当のシウ自身も、一九世紀半ばから二〇世紀初頭に中国からアメリカに渡った人びとである。そして、ホスト社会で周縁化され、帰国意思を堅持しながらも都市の隙間に生活の拠点を築いた人びとを描出した彼の仕事は、労働移民の時代の一場面を見事に切り取ったものといえる。

四-二　強いられたコスモポリタニズムと無関心

近年、社会的排除をめぐる議論では、「無関心」が重要な課題として浮上するようになった。日本でも広く共有されつつあるマイクロアグレッションの議論でも、意識的か無意識的かを問わず、弱い立場にある人びとの苦境や経験的リアリティを無視したり、否定したり、彼らの訴えを価値のないものとみなして無効化することも、アグレッションの一形態として問題視されている。また、無関心を倫理的な課題として問い直したフラン・トンキスの議論を踏まえ、無関心を、ある社会関係から自分を切り離すという特権の行使として捉え直す議論も提出されている[28]。

ジンメルまでさかのぼれば、無関心は都市生活の普遍的な特徴のひとつである。『大都市と精神生活』によれば、ヒトやモノ、情報などがせわしなく行き交う都市生活では、「間断なき印象の交替」と「神経生活の高揚」がもたらされ、それにより目の前の出来事に対して心が揺さぶられない「倦怠」が身についてしまう。

おそらくは倦怠ほど無条件に大都市に留保される心的現象は、けっしてないであろう。これはまず第一に、急速に変化し対立しながら密集するあの神経刺激の結果であり、大都市の知性の高揚もこのような神経刺激から生じるように思われる。

大都市人同士の精神的態度は、形式的な点において冷淡と名付けてよいであろう。（中略）われわれが大都市生活の束の間の接触でふれあう人びとにたいしていだく不信への権利とは、われわれにそのような冷淡さを強要し、その結果われわれは、長年の隣人をも見知らぬことさえしばしばあり、そしてこの冷淡さが、小都市人にしばしばわれわれを冷酷で無情と思わせるのである。[29]

このように、ジンメルが観察した都市生活において、倦怠や冷淡さはある種の必然ということになる。

ただし、これまでじゅうぶんに検討されてこなかったのが、ホスト社会に対する移民たちの無関心やドライさである。労働移民の時代に世界に放たれたアジア人たちは、巨大な人流の一部となって新たな土地へと移入するという「強いられたコスモポリタニズム」を体現した存在だった。彼らは都市生活者以上にめまぐるしい変化に晒されており、結果的にある種のそっけなさを身につけたとしても無理からぬことだろう。これはシウが観察したソジョナーたちの刹那的態度にも通じる。[30]

南アフリカに移入したアジア人たちがこのような構えを涵養していたとすれば、植民地支配という理不尽に距離を取り、冷ややかさや無関心を表出していた可能性もある。より劣位に置かれて苦境にあえいでいたアフリカ人の目には、植民地支配への同調あるいは便乗に映り、損得勘定から支配者とも手を結ぶ冷酷な人種主義者という印象だけが残ったかもしれない。アジアからの移民たちが見せたかもしれないそのような横顔については、彼らの差別意識や偏見のみに還元するのではなく、コスモポリタン的経験によって醸成された心性として検討を加えていく必要があるだろう。

五　本研究の射程と調査の概要

最後に、先行研究とその課題を踏まえ、本研究の射程と調査の概要を示す。

南アフリカという舞台について

本書が注目する南アフリカは、いうまでもなくアフリカ人が人口の圧倒的多数を占める。各集団が総人口に占める割合は、本書で検討するアパルトヘイト期までは、アフリカ人が六七〜七〇パーセント、ヨーロッパ系が一七〜二一パーセント、カラードが八〜一〇パーセント、アジア系が二〜三パーセントだった[31]（表1-2）。南アフリカの人種的階梯は、少数のヨーロッパ系住民を頂点に、多数のアフリカ人を底辺にもつ三角形を形成しており、ヨーロッパ系の支配者にとっての最大の課題は、常に「原住民」の統治だった。しかし、本章で確認した通り、この時期の南

表1-2　アフリカ・各人種集団別構成割合推移（単位：パーセント）

	1904	1911	1921	1936	1946	1951	1961	1970	1980	2011
アフリカ人	67.4	67.3	67.8	68.8	68.7	67.5	68.3	70.0	67.2	79.2
ヨーロッパ系	21.6	21.4	21.9	20.9	20.7	20.9	19.3	17.8	18.7	8.9
カラード	8.60	8.80	7.9	8.0	8.0	8.7	9.4	9.4	10.7	8.9
アジア系	2.4	2.5	2.4	2.3	2.6	2.9	3.0	2.9	3.3	2.5

1904年から1980年まではSouth African Institute of Race Relations 1949, 1961, 1971, 1981をもとに筆者作成。

各集団の呼称は、1949年の「Handbook on Race Relations in South Africa」では「Native」「European」「Coloured」「Asiatic」。1961年・1971年・1981年の「A Survey of Race Relations in South Africa」では「Africans」「Whites」「Coloured」「Aisans」。現在のセンサスでは「Black African」「White」「Coloured」「Indian or Asian」が使用され、さらに「その他Other」の項が設けられている。2011年には人口の0.5パーセントが「その他」とされる（Statistics South Africa）。

アフリカはアジア人の移動の活性化の反作用としてグローバルな白人性が創出された震源地でもあり、トランスナショナル／コロニアルな共同体の一角だった。

タイムスパンについて

南アフリカの地にアジアからの移民集団が姿を現す一九世紀後半から、二〇世紀末にアパルトヘイトが廃絶され、民主化を遂げるまでの期間に注目する。第二章でも紹介するように、一九世紀後半にはまずインドより年季契約労働者が到来、さらに比較的教育水準が高く裕福な旅客（passenger）移民と呼ばれる人びとも南アフリカに上陸した。中国からは、一九世紀後半より商人らが、二〇世紀初頭には年季契約労働者が到来した。日本からは、インドや中国からの移民に比べると圧倒的に小規模ではあるものの、一九世紀末ごろより商人らが姿を現すようになる。

主な研究対象について

アジアからの移民のうち日本人の移民は圧倒的に小規模であり、二〇世紀末になるまでは、日系南アフリカ人コミュニティが少なくとも目に見えるかたちでは存在しなかった。一九一〇年代に南アフリカに居住していた日本人は約一〇名という極小集団であり[32]、その点において南アフリカ社会にとってまったく取るに足らない存在だった。南アフリカ側の求めに応じて日本から年季契約労働者が送られたり、南アフリカの労働組合が組織的に「排日」を掲げたりすることもなく、また真珠湾攻撃の直前に日本政府が準備した引揚船により大半の日本人は出国したことから、日系人コミュニティが南アフリカに残されることもなかった。逆説的ではあるが、取るに足らない存在だったからこそ、日米開戦から日本の主権回復まで国交が途絶していた期間を除けば、日本人は二〇世紀を通じて南アフリカの扉をくぐり続けた唯一のアジア系集団だった。以降の章では、この南アフリカの政策的判断と日本側からの交渉の双方が、いかに労働移民の時代におけるアジア人の移動と、それを梃子として再編されたグローバルな人種編成の影響下にあったのかを示す。つづいて、従来は南アフリカと日本との二国間の交渉の結果として論じられてきたアパルトヘイト期の「名誉白人」待遇についても、それがいかに隣接するアジア系住民、とりわけ中華系住民との関係によって規定されていたのか、両者の関係がいかに不即不離であったのかを明らかにする。

分析に使用するデータについて

第二章、第三章（主に二〇世紀半ばまで）では、南アフリカ・日本・イギリスで収集したアーカイブ史料、新聞記事、二次文献を使用する。第四章、第五章（二〇世紀後半）では、右のような文書史料や南アフリカ日本人会の月刊新聞、市民運動団体の発行物等と、南アフリカと日本で実施したインタビュー調査のデータを組み合わせて検討を行う。インタビューは、アパルトヘイト期の南アフリカに居住したことのある日本人と、中華系住民に対して実施した。以下、協力者の概要を整理する。

日本人のインタビュー協力者

スノーボール・サンプリング法により依頼を進めた。インタビュー協力者は男性七名、女性八名の計一五名で（表1－3）、半構造化インタビューを実施した。母集団の代表性は保たれていない。インタビューは南アフリカと日本の双方で実施した。

二〇世紀前半まで、南アフリカに居住・滞在する日本人の多くはケープタウンを拠点としていた。日本政府は一九一八年にケープタウンに領事館を開設、次いで一九三七年にプレトリアに公使館を設置した。第二次世界大戦後、まずは領事関係のみが再開され、一九五二年に在プレトリア総領事館、一九六四年に在ケープタウン出張駐在官事務所が設置される。なお、在日南アフリカ総領事館は一九六二年に開館している。企業駐在員の拠点も、ケープタウンからヨハネスブル

表1-3　インタビュー協力者（日本人）

インタビュー協力者	性別	南アフリカ滞在期間
JA さん	F	1980s
JB さん	F	1980s-1990s
JC さん	F	1980s
JD さん	F	1980s
JE さん	M	1970s
JF さん	M	1980s
JG さん	F	1980s
JH さん	M	1970s-1980s
JI さん	M	1980s
JJ さん	F	1980s, 1990s
JK さん	M	1980s, 1990s
JL さん	F	1980s
JM さん	F	1980s
JN さん	M	1960s-1970s
JO さん	M	1960s

クに移り、以来今日に至るまで、日本人の大半はヨハネスブルクとその近郊に居住している。

都市別のデータは乏しいが、日本人会発行の新聞『スプリングボック』紙に掲載されている一九七九年の在留邦人実態調査（プレトリア総領事館によって実施）によると、当時南アフリカに三ヶ月以上在留している邦人のうち約八九パーセントがヨハネスブルク市とその周辺在住、残りの約一一パーセントがケープタウン、プレトリア、ダーバン、ポートエリザベス、ステレンボッシュ、ピーターマリッツバーグ、ステレンボッシュなどに居住している。[33]この時期の三年ないし四年の長期滞在者の大半（九五パーセント以上）が家

表1-4　南アフリカ在留邦人数（外務省海外在留邦人数調査統計より筆者作成）

	総計（1+2）			1. 長期滞在者			2. 永住者		
	男	女	計	男	女	計	男	女	計
1972（昭和47）年	250	208	458	250	208	458	0	0	0
1973（昭和48）年	289	278	567	289	278	567	0	0	0
1974（昭和49）年	389	287	676	389	287	676	0	0	0
1975（昭和50）年	380	316	696	380	316	696	0	0	0
1976（昭和51）年	360	284	644	360	284	644	0	0	0
1977（昭和52）年	347	306	653	347	306	653	0	0	0
1978（昭和53）年	283	240	523	283	239	522	0	1	1
1979（昭和54）年	285	235	520	285	234	519	0	1	1
1980（昭和55）年	288	269	557	288	269	557	0	0	0
1981（昭和56）年	327	284	611	327	281	608	0	3	3
1982（昭和57）年	351	288	639	351	288	639	0	0	0
1983（昭和58）年	408	323	731	408	322	730	0	1	1
1984（昭和59）年	351	290	641	351	290	641	0	0	0
1985（昭和60）年	409	334	743	409	332	741	0	2	2
1986（昭和61）年	429	372	801	428	369	797	1	3	4
1987（昭和62）年	416	360	776	415	356	771	1	4	5
1988（昭和63）年	374	336	710	372	328	700	2	8	10
1989（昭和64）年	322	281	603	314	268	582	8	14	22
1990（昭和65）年	302	243	545	295	238	533	7	5	12
1991（昭和66）年	281	249	530	269	231	500	12	18	30

族同伴であるという。日本人学校もヨハネスブルクに設置されている。

外務省の在留邦人数調査では、南アフリカについては一九七二年以降のデータが公開されている（表1-4）。長期滞在者数は一九七〇年代前半から増加していたが、一九七七年から一九七八年にかけて約二〇パーセント減少するのは、ソウェト蜂起などの反アパルトヘイト解放闘争が激化したためだろう。その後一九八〇年ごろより再度増加し、一九八六年に記録した八〇一名（永住者含む）が、アパルトヘイト期最大の人口ということになる。

職業構成に関しては、「民間企業関係者」つまり企業駐在員とその家族が圧倒的多数を占める。参考までに一九八六年の在イギリス日本人の職業構成と比較すると、南アフリカの日本人コミュニティが文字通りの駐在員コミュニティであることがわかる（図1－1）。

また、一九八〇年代の『スプリングボック』紙の記述によると、南アフリカに在住する日系人の数は三名とあるが、これまでに確認できていない。さらに船舶・漁業関係者・南極の昭和基地に往復する日本人は年間のべ一万人がケープタウンに上陸していたが、本研究では対象としない[34]。

中華系住民のインタビュー協力者

スノーボール・サンプリング法により依頼を進めた。インタビュー協力者は男性五名、女性四名の計九名で（表1－5）、半構造化インタビューを実施した。母集団の代表性は保たれていない。インタビューは南アフリカにて、英語で実施した。

南アフリカ史に現れる「Chinese」は、五つの集団に大別される。①一八世紀にオランダ東インド会社によって、バタヴィア（現在のジャカルタ）周辺から送られた奴隷たち、②一九〇四年からの数年間、南アフリカ戦争後の復興の切り札としてラント鉱山に「輸入」された約六万人の労働者たち、③一八七〇年以降より自由渡航で南アフリカに移入した人びとと、定着後に誕生した子孫たち、④一九七〇年代後半から一九九〇年代に中華民国から移入した人びと、⑤一九九〇

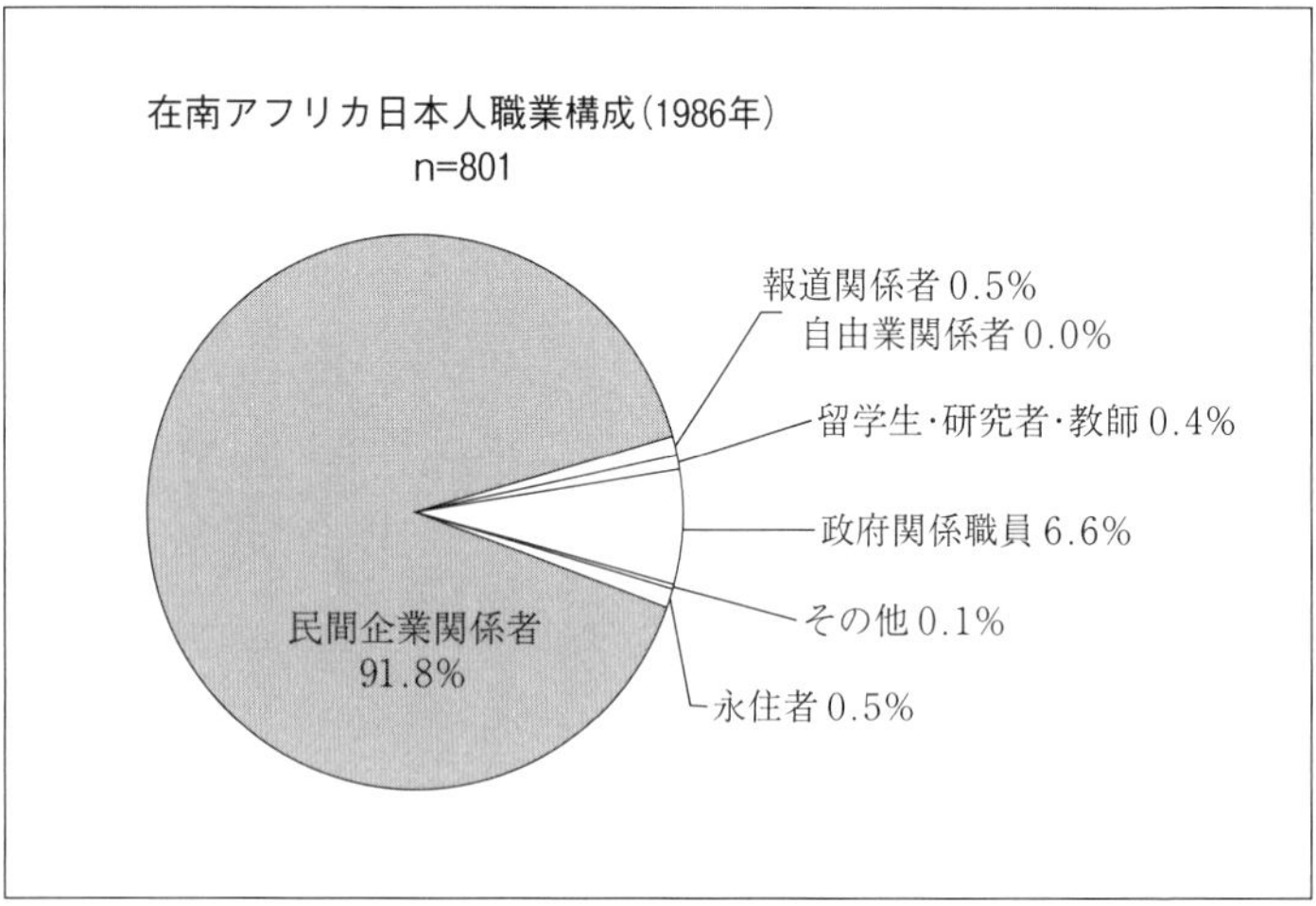

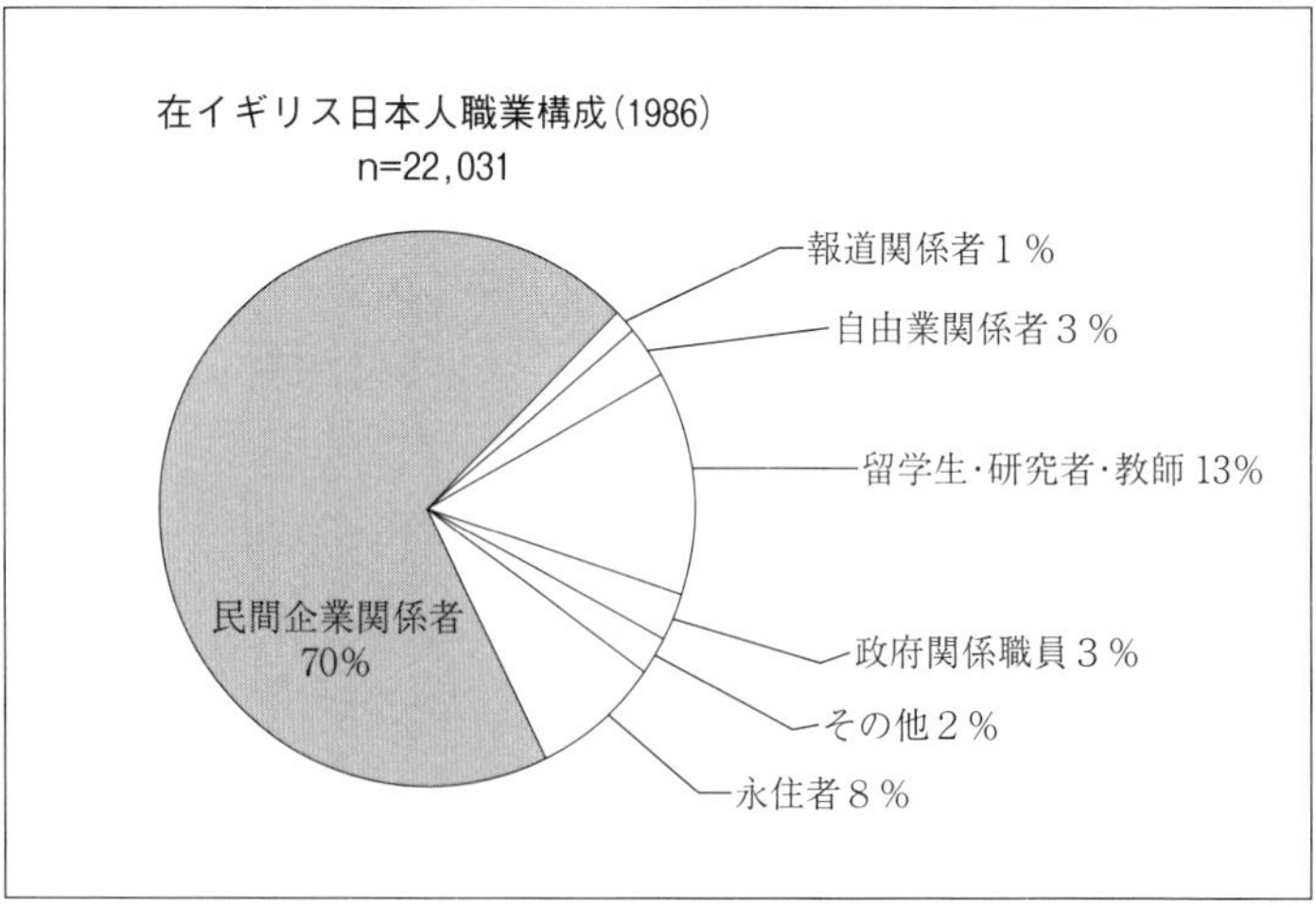

図 1-1　在南アフリカ・イギリス在留邦人職業構成（海外在留邦人数調査統計より筆者作成）

表1-5　インタビュー協力者（中華系住民）

インタビュー協力者	性別	生年	南アフリカでの世代
CA さん	M	1970s	三世
CB さん	F	1950s	二世
CC さん	M	1950s	二世
CD さん	M	1930s	二世
CE さん	M	1950s	二世
CF さん	M	1960s	三世
CG さん	F	1950s	二世
CH さん	F	1950s	二世
CI さん	F	1930s	二世

年代以降に爆発的に増加した中華人民共和国からの移入者である。このうち本研究でインタビューを実施したのは、③と④の集団である。

③の集団が南アフリカに到来しはじめたのは、一九世紀後半である。プッシュ要因としては珠江デルタ地域の人口増加と自然災害による農村の疲弊、太平天国の乱などによる社会的混乱などがあり、プル要因としては世界的なゴールド・ラッシュの流れがあった。ヨーロッパ－アジア間航路の重要な拠点であるモーリシャスを経由地した人びとも多かった。

彼らは出身地と文化的な背景により、「広東人（cantonese）」と「客家（Hakka, Moiyeanese）」という二つのエスニック集団に分化していた。ともに広東州出身だが、前者は広東州南部、後者は広東州東北部の Moiyean 市から南アフリカに渡っており、そのため後者は「Moiyean Hakka」とも呼ばれる。定住先についても、前者はプレトリアやヨハネスブルクなどの内陸部、後者はダーバン、ポートエリザベス、イーストロンドン、ケープタウンなどの沿岸部に分かれてコミュニティを形成した。両者は言語や衣服、食事などの習慣を異にしていたが、英語が「公用語」になったことから、中華系コミュニティは英語話者というイメージにつながった[35]。

一九〇四年にはケープ植民地で排華法が成立しているが、ケープ議会のセンサスを調査したXiao によると、その当時のケープには一三八〇名（男性一三六六名、女性一四名）が居住していた。地域別には、ケープタウンに三二九名、キンバリーに二一四名、ポートエリザベスに四九九名、イーストロンドンに九九名などだった。また、一九〇九年には八五八名が居住していたが、彼らの職業は、六一七名が店員、一七〇名が洗濯業、二五名がコック、一〇名が職人や労働者などだった。地域別には、ケープタウンに一五九名、ポートエリザベスに三二五名、キンバリーに二〇六名、イーストロンドンに五〇名などだった。一九六〇年代には、六〇〇〇〜八〇〇〇人程度だったとされる[36]。なお、ヨハネスブルクにはアフリカ大陸でもっとも長い歴史をもつチャイナタウンが現存しているが、日中戦争時には中国国民党の支部が置かれ、抗日の拠点となった。この支部がのちのヨハネスブルク中華学校となる。

④は中華民国より到来した人びとである。南アフリカと中華民国は、一方はアパルトヘイト政策により、もう一方は中華人民共和国の台頭により、ともに国際的に孤立しており、一九七〇年代後半からは「孤立国」どうしの連帯と揶揄された。アフリカ人の解放闘争を共産主義勢力によるテロリズムと喧伝することで隔離政策と強硬な弾圧を正当化してきた南アフリカにとって、中

華民国は「反共」を旗印に協調できる格好の友人でもあった。一九七六年には外交関係が大使レベルに格上げされ、一九八〇年のボタ首相の中華民国訪問が大きな刺激となって経済関係が緊密化した。中華民国の投資家がホームランド周辺に主に繊維業などの工場を建設、その数は一九九〇年までに三〇〇件にのぼり、約三億ドルの投資が行われ、計四万人分の雇用を創出した。彼らの生活上の便宜を図るべく、南アフリカにおける中華系住民の地位は見直され、一九八〇年代半ばには居住地や土地所有に関する制限はほぼ撤廃されている。また中華民国は二重国籍を認めているために、多くが永住権を獲得したのちに南アフリカ国籍を取得した。

中華民国からの移民は一九八〇年代後半から急増し、アパルトヘイト政策の撤廃が決まった一九九一年には約六〇〇〇人を数えた[37]。南アフリカは一九九七年七月にマンデラ政権下で中華民国と断交、一九九八年一月に中華人民共和国と外交関係を結び、それ以降中華民国出身者は大きく減少している。

【注】

［1］National Archives, Foreign Office 371/6684, UK.

［2］Mckeown 2011 : 43-65. 初版 2008.

［3］Mongia 1999 : 554.

［4］このようなアジア人の移動は、移民研究において長らく正当な評価を妨げられてきたとの指摘もある。マッキューンは、アジア系移民のエイジェンシーを軽視する西欧の研究者はヨーロッパ系移民を「果敢に大西洋を

越えて移住先に貢献した人びと」とみなす一方、アジア系移民を「人口学的圧力あるいは封建国家の失政と混乱によって押し出された出稼ぎ者」とし、その結果アジア系移民が世界にもたらしたインパクトは過小に評価されてきたと指摘している（Mckeown 2011：43-65, 初版 2008）。アメリカの中華系移民の歴史を追った貴堂嘉之も、ヨーロッパからの移民の玄関口であったエリス島は移民をめぐる正史に刻まれ数々のドラマの供給地になっているのに対し、サンフランシスコ沖のエンジェル島の入国管理施設は実質的には移民の収監施設であり、公的記憶からは長らく排除されてきたとして、そのコントラストを強調している（貴堂 2012：5-6）.

［5］Gollvizer 1999, 初版 1962, 飯倉 2004, 2013, 廣部 2017.
［6］Mckeown 2008.
［7］栢木 2013.
［8］Toepy 2000＝2008, 藤川 2008：271.
［9］Lesser 1999＝2016：29-66, 貴堂 2018：111-117.
［10］Klaaren 2017.
［11］Lake & Reynolds 2008.
［12］飯倉 2004.
［13］Aurélia Michel 2020＝2021.
［14］Loewen 1988, 初版 1971.
［15］Blalock 1967, Bonacich 1973, Van Den Berghe 1981.
［16］Veracini 2010.
［17］一九七二年、ウガンダの大統領イディ・アミンが国内のアジア系住民（主にインドとパキスタン出身者）の追放を宣言したという事件。当時は約八万人のアジア系住民が同国内で暮らしていた。彼らはイギリス、カナダ、インド等に移住している。

[18] Mamdani, 1993 : 94, cited in Park, 2020 : 232-233. アフリカ大陸と環インド洋世界との交渉史については宮本・松田編 2015 参照。
[19] Omi & Winant 初版1986, Feagin & Elias 2013 : 942.
[20] Bonilla-Silva 2003.
[21] Kim 1999, Xu & Lee 2013.
[22] Roediger & Barrett 2001.
[23] 水上 2020.
[24] Siu 1952.
[25] Bonacich 1973.
[26] Siu 1952.
[27] Bonacich 1973.
[28] Sue 2010＝2020 : 69-82, Tonkiss 2003, Horse, Kuo, Seaton, & Vargas 2021.
[29] Simmel 1957＝2020 : 269-285, 徳田 2020.
[30] Beck 2006. ガンディーは南アフリカにおいてアフリカ人と連帯しなかった理由を振り返り、アフリカ人は（アフリカの地において）「土の子たち」「土の息子たち」であり、インドにルーツをもつインド系住民とは立場が異なるためと説明している（*Collected Works of Mahatoma Gandhi*, Vol. 68 : 272-73)。
[31] South African Institute of Race Relations 1961, 1971, 1981.
[32] 「南阿及『ザンジバル』ニ於ケル本邦人待遇振ニ関スル雑件」3.8.8.20, JP.
[33] 南アフリカ日本人会 1981 : 302.
[34] 南アフリカ日本人会 1981 : 308, 土屋 1974 : 22-24.
[35] Yap & Man 1996 : 32-40.

[36] Xiao 2016 : 4–6, Yap & Man 1996 : 177, 426.

[37] Xiao 2016 : 56–57.

第二章　アジア系移民の到来と移民規制

一　はじめに

本章の目的は、日本と南アフリカとの交渉の契機となった移民規制法が、いかなる文脈のもとで成立したのかを把握することである。具体的には、先行研究や二次文献を使用して、アジアから南アフリカに流入した移民と、彼らの流入や定着を抑制し、移動を管理する試みの変遷を検討する。第二、三節では、インドと中国からの移民の到来や定着、排外主義の高揚、南アフリカ内での移動を管理するための政策、第四節では、アジア系住民を対象とする通称「暗黒法」と、一九一三年の移民規制法について確認する。最後にそれらを踏まえたうえで、次章に向けた課題を整理する。

二　移民政策に対する関心の高まり

南アフリカでは、二〇〇八年ごろより近隣国からの移民に対する排外主義的暴力が多発し、国内各地に深刻な被害をもたらした[1]。長年にわたる人種隔離体制を乗り越え、ポスト・アパルトヘイト期には「虹の国」と称賛された南アフリカで移民に対する敵意や憎悪が水面下で広がっていたという事実は、国内外に大きな衝撃を与えた。学術研究においても、この国の移民政策のいびつさの元凶を、一九一〇年の南アフリカ連邦成立時ないしそれ以前に見出そうとする研究が提出されるようになった。

サリー・ペバーディーの *Selecting Immigrants*（二〇〇九）は、主に南アフリカ連邦成立から現代までの、移民選別とナショナル・アイデンティティ形成との関係を論じる。当書では、ユダヤ人やヨーロッパからの移民の選別にも紙幅が割かれる一方で、連邦成立直後に制定され、ポスト・アパルトヘイト期まで続く移民政策の礎となった一九一三年の移民規制法や、インド系移民の排斥についても詳述される。それによれば、南アフリカを「白人の国（white man's land）」とみなし、ヨーロッパ系入植者の政治的・経済的優位性を守りたい人びとにとって、インド系のなかでも教育水準が高く裕福な旅客移民の存在は、大きな脅威と映ったという。そして、移民規制法が練り上げられていくなかで、人種主義的なナショナル・アイデンティティが構築されていく。[2]

議論の起点を一九一〇年の南アフリカ連邦成立に置いたペバーディーに対し、オーディ・クローツの*Migration and National Identity in South Africa, 1860-2010*（二〇一三）は、インドからの移民集団がナタールに上陸した一八六〇年代まで遡り、二〇〇八年の排外主義的暴力とかつてナタールで発生したインド系移民に対する排斥を重ね合わせた。クローツがとくに光を当てたのは、三つの「境界線上の集団」である。第一に、一八八〇年代よりナタールに上陸したインドからの移民とその子孫、次に、アパルトヘイト期のバンツースタン政策により南アフリカ内での移動を制限されたアフリカ人、最後に、戦間期のユダヤ人に始まる難民たちである。イギリス帝国臣民であるインド人は、原則として帝国内の移動の自由が保障されながらもナタールの「白人」社会による排斥の対象となるという、二重性と曖昧さが特徴とされた。[3]

また、ジョナサン・クラーレンは*From Prohibited Immigrants to Citizens*（二〇一七）のなかで、「禁止移民」という概念に注目しながら、一八九七年から一九三七年までに実施された特定の集団に対する規制と個人の移動の管理が、南アフリカにおける国境の生成とシティズンシップ形成の基礎となる過程を描いた。一八九七年は、ナタールでインドからの旅客移民とその子孫の管理を対象とする移民規制法が誕生した年、一九三七年は、複数の法律で永住者を制限し、アフリカからの移入やアフリカ人の国内移動を統制した年である。クラーレンは、アダム・マッキューンの先行研究にも言及しつつ、アジアからの移民を管理する諸実践が、不平等ながらも統一的な南アフリカ国民像の塑形を加速させたと論じる。それによると、ナタールではインドから移民の管理を通して、トランスヴァールではナタールからのアジア人流入を阻止する規制とアジア系・イギリス系・アフリカーナーの三者の政治的闘争を通して、「国民」という概念が形成されていった。短期間ではあるがラント金鉱山に導入された中国人労働者も、移民統治の方法を劇的に進化させた。ケープ植民地では、少数の中華系住民をターゲットとする排華法（Chinese Exclusion Act）が誕生し、これが特定の集団を名指しした初めての移民規制法となる。一九一三年、これらを礎として誕生した移民規制法は、移民規制と人種主義とを結合させた法律となった。[4]

これらの研究は、一九一三年の移民規制法を重視しつつ、連邦成立以前からのアジア系移民に対する移民規制がその源流にあること、さらにそれらが南アフリカ社会の人種的秩序の再編と分かちがたく結びついていたこともあらわにした。次節からは、インドと中国からの移民の到来・定着と、それがもたらした移民規制を整理する。

三　インド人の到来

三-一　到来と定着

一六五二年、オランダ東インド会社は、インド航路の中継地としてアフリカ大陸の南端に補給港を建設した。南部アフリカ地域におけるインド人の移民史も、オランダ東インド会社の労働力としてケープに運ばれてきた奴隷たちに始まる。ケープにおける奴隷の何割がインド出身者であったかには諸説あるが、一説には、一六六五年から一七九四年のあいだにベンガルからケープに渡った船は一四〇隻に及んだという[5]。ケープにおける奴隷解放後、彼らはこの地域のカラードのコミュニティのなかに吸収されていった。

次にインド人が姿を現すのは一九世紀半ば以降、ナタールに上陸した年季契約労働者や旅客移民がそれである。一九世紀初頭、現クワズールー・ナタール州に含まれるインド洋岸の地域では、ズールー王国が繁栄を誇っていた。一八三九年になると、グレート・トレックによって移動してきたボーア人がナタール共和国を建設、しかしほどなくイギリスに征服され、イギリス領ナタール植民地となる。イギリスから渡ってきた人びとは、海岸近くの平地でさとうきび栽培を始めた。一八七九年にはアングロ・ズールー戦争で、ズールー王国がイギリスに敗北し、インド洋岸地域が全面的にイギリス支配に組み込まれた。南アフリカの植民地支配は、大きな転換点を迎えることとなる。

この時期、奴隷制廃止により世界各地の大規模農場の経営者たちは奴隷に代わる安価な労働力を必要としており、モーリシャスや西インドにはインド人の年季契約労働者が送られるようになっていた。慢性的な労働力不足に悩むナタールでも、モーリシャスの成功をみた農場主たちが、インド人労働者の「輸入」を切望していた。植民地省・ロンドンのインド省・カルカッタの総督などを巻き込んだ議論と調整の末、一九一〇年までのあいだに、一五万人もの年季契約労働者が南アフリカのさとうきびプランテーション農場などに導入された。

インド人労働者たちは、五年間の契約満了後に契約を更新するか、インドに戻るか、ナタールに自由労働者として定着するかを選択することができた。ただし、これは競争の激しい国際労働市場のなかで多くの労働者を呼び込むための撒餌に過ぎず、実際には一〇年間の契約後に報奨金として支払われる渡航費を受け取って、インドに帰国することが期待されていた。年季契約労働者は年齢や宗教、カースト、階級などにおいて、多様な背景を持っていた。労働者には子どもも含まれ、また四〇パーセント以上が大人の女性と少女であった。大部分が身分の低いヒンドゥー教徒だったが、身分の高いヒンドゥー教徒もいた。一二パーセントがイスラム教徒で、五パーセントがキリスト教徒だった。五年間の年季契約後には、そのまま農場にとどまる人、小さな土地を獲得して栽培した農作物を販売する人、職人・料理人・家事労働者・仕立屋・洗濯業などに従事する人などがいた。彼らの人口は、ヨーロッパ系の人口に匹敵するまでに膨張していった[6]。

年季契約労働者のほかに、旅客移民といわれる独立した移民集団も、インドやモーリシャスからナタールに移動するようになっていた。彼らは、比較的裕福で高い教育を受けたムスリムかヒンドゥーの貿易商や専門職の人びとだった。一八八七年には約一〇〇〇人、一八九一年には約六〇〇〇人、一九一一年のセンサスでは約二万人のインド系旅客移民がナタールに、約三万人がその他の地域に居住していた。彼らは数のうえでは小規模ながら、大きな存在感を発揮するようになっていた[7]。

一八九〇年代のナタールの人口は五〇万人超で、ヨーロッパ系とインド系がそれぞれ約四万人と拮抗するようになっていた。反インド移民感情を高めるヨーロッパ系地域住民、労働力の安定供給を求めるさとうきび農場経営者、インド統治を安定させるためにもインド人やナタール生まれのインド系住民に対する差別的政策を容認するわけにはいかないロンドンなど、多様な思惑が交錯するようになっていた[8]。

この時期、トランスヴァール共和国では、早くも「native race of Asia」に対する規制が始まった。規制の対象となったのは「クーリー、アラブ、マレー、トルコのムスリム」で、トランスヴァールでの帰化の禁止、登録の義務化、土地所有の禁止、居住地の規制などが定められた。またオレンジ自由国でも、一八九一年には「アラブ・チャイナマン、クーリー、その他アジア系カラード」について、二ヶ月以上の滞在を制限する他、帰化の禁止、土地所有の禁止、商業活動の禁止などの経済的排除も実施された[9]。これらの地域では、ナタールからインド系移民が流入することへの警戒感が広がっていた。

ナタールでは、一八九三年に責任政府が樹立されたことで、ヨーロッパ系有権者の議会への影響力が拡大、相対的にロンドンの影響力は小さくなっていた。議会はすぐさまインド系住民の排斥に向けた規制を準備した。数年のうちに、彼らの排斥を目的として、選挙権、在留権、営業権の三つを制限ないし、剥奪する法律が成立した。ウォルター・ヘリー＝ハッチンソン総督は、このときのヨーロッパ系有権者の心情を次のように説明している。「問題は明らかに、将来ナタールがヨーロッパ系住民によって統治されるのか、アジア系の発言が許されるのか、どちらがナタール政府で優勢な声となるのかである」[10]。

ガンディーがナタール在住の同郷の商人の依頼を受け、ナタールの港に上陸したのはちょうどこの年のことである。翌年の一八九四年には、ガンディーを中心にナタール・インド人会議が設立され、差別的な立法に対する抗議運動が展開されるようになった。ヨーロッパ系住民はこうした動きに反発を強めていった。中国からの移民の規制に成功したオーストラリアの動きに触発されて、「ヨーロッパ系保護協会（The European Protection Association）」や「植民地愛国連盟（Colonial Patriotic Union）」が誕生した。

『ガンディー自伝』[11]にあるように、ガンディーはいったん故郷インドに帰国し、一八九六年に妻子とともにあらためて南アフリカに戻ったが、彼らを乗せた船は武器を手に波止場を取り囲んだ「植民地愛国連盟」の人びとに阻まれ、二三日間の検疫期間を過ぎても乗客を降ろすことができなかった。港を占拠した人びとは、ガンディーが南アフリカに戻ったのは、仲間のインド人とともにナタールの乗っ取りを企てているためだと信じていた。

三-二 「ナタール方式」の誕生

ナタールでは、一八九七年に移民規制法が制定された。これはインドからの旅客移民の制限を目指したものだったが、特定の人種や民族集団を名指しせず、あくまでも、「ヨーロッパ言語が書けない人物・貧困者・精神異常者・感染性の病気をもった人物・重罪で有罪判決を受けた人物・売春婦」という六つのカテゴリーの人びとを「禁止移民」に指定していた。この法が革新的だったのは、港での入国検査システムを使って選別を進めた点だった。[12]

このうち入国希望者にヨーロッパ言語の運用能力を問う識字テストは、「ナタール方式」とも呼ばれる。この識字テストの起源は、アメリカにおける有権者登録にまで遡る。マリリン・レイクによれば、アメリカではコネティカット（一八五五）とマサチューセッツ（一八五七）が有権者登録の条件に憲法理解を定めていたが、ミシシッピ（一八五五）ではこれをアフリカ系住民を排除するための手段として導入した。一八九〇年になると、他の南部の州もこれに続いた。一八九五年にサウスカロライナ、一八九八年にルイジアナ、一九〇〇年にノースカロライナ、一九〇一年にアラバマとヴァージニア、一九〇八年にジョージアが同様の方法を採用するようになった。これが各地で期待通りの効果を上げたことから、今度は教育テストを移民規制に活用する案が浮上した。一八九五年の法案提出時には、「識字能力を確認することで、国籍、宗教、人種によって差別することなく、排除したい人びとを締め出すことができる」とまで評された。この法案は不成立となり、アメリカでは識字テストを利用した移民規制法はその後も誕生しなかった[13]。

そのころ、オーストラリアのニューサウスウェールズでは、一八八八年に制定された排華法の規制対象を「すべての有色人種」に拡大する動きが活発になっていたが、インド等からの反発を懸念するロンドンの植民地省の同意を得ることはできなかった。それを見たナタールが目をつけたのが、アメリカの教育テストであり、それを利用した移民規制法案だった。こうして、港で入国希望者にヨーロッパ言語のいずれかで書類を記入させ、その出来栄えをもとに排除したい人びとを首尾よく締め出すという選別法が編み出された[14]。

一八九七年六月、ロンドンで開催されたヴィクトリア女王のジュビリーの際、ジョゼフ・チェンバレンは植民地の首脳たちと会談し、「人種や肌の色によって選別しない」という帝国の伝統を守り続けることの重要性を強調した。各植民地は、これをナタールの選択に対する歓迎として受けとめた。識字テストは、一八九七年一二月には西オーストラリアで導入された。その後二年で、ニューサウスウェールズ、南オーストラリア、タスマニア、ニュージーランドに拡大、一九〇〇年にはカナダのブリティッシュコロンビア、そして一九〇二年にはケープ植民地でも採用された。一九〇八年には、The British Seaman's Union も、外国人のためのディクテーションテストを採用した[15]。

ただし、一言でヨーロッパ言語といってもそこにどれだけの言語が含まれるのかが明確でなかったために、その定義をめぐってあらたな論争も巻き起こった。たとえば、ケープでは一九〇二年に移民規制法が制定され、識字テストも採用されたが、イディッシュ語の位置づけは判然としなかった。「ユダヤ人代表委員会」等による働きかけの末、イディッシュ語がヨーロッパ言語に含まれる旨が明示されたのは、一九〇六年のことである。また、一九一三年の移民規制法制定時には、草案が書き換えられるたびにイディッシュ語の位置づけが揺れ動いたものの、最終的にはヨーロッパ言語として登録されることとなった[16]。

このように識字テストは、「アジア系」と「ヨーロッパ系」との境界線を整序し、アジア系の人びとを南アフリカの人種的秩序へと編入する役割を果たした。同時に、ナタール方式は受入社会における人種主義と宗主国の原則との妥協点として発案されながらも、集団ではなく個人を単位とする選別であり、高い教育を受けた「有色」の人びとにとっては肌の色のくびきからの解放を期待させるものでもあった。身体的形質とは異なる特性での線引きは、人種に関わる境界を複雑化する役割を果たしたともいえる。

四　中国人の到来

四-一　到来と定着

南アフリカ史に登場する最初の中華系の集団は、一八世紀にオランダ東インド会社によって、バタヴィア（現ジャカルタ）周辺から送られてきた奴隷や囚人である。オランダ東インド会社は、一六〇二年よりジャワ島で植民地経営を行っていた。ヤン・ファン・リーベックはバタヴィアから労働力を調達したが、そのなかに「Chinese」とされる人びとも含まれていた。また、少数ながら自由渡航でこの地に到達した移民もいたが、彼らはおおむねアフリカ人と同等に処遇されていた[17]。

次に到来した中華系の集団は、一八七〇年以降より南アフリカに移入した人びととその子孫たちである。多くは商人もしくはダイヤモンドや金を目指して故郷を発ち、ヨーロッパ-アジア間航路の拠点でもあったモーリシャスを経由したのちに、南アフリカに定着した人びともいた。彼らは出身地と文化的な背景により、「広東人（cantonese）」と「客家（Hakka、Moiyeanese）」の二集団に分かれていた。前者はプレトリアやヨハネスブルクなどの内陸部、後者はダーバン、ポートエリザベス、イーストロンドン、ケープタウンなどの沿岸部を中心にコミュニティを形成した[18]。前項で示したように、一九世紀末にはトランスヴァールやオレンジ自由国でアジア系移民の流入を防止するための規制が始まり、中華系住民もその対象となった。

四－二　年季契約労働者の「輸入」

移民管理行政や人種的秩序に大きな影響を残したのは、南アフリカ戦争後の労働者不足を補うべく、中国からトランスヴァールのラント鉱山に運ばれた約六万人の中国人年季契約労働者たちだった。彼らが南アフリカに導入されていたのはごく短い期間ではあるが、太平洋地域を席巻していた黄禍論も手伝ってオーストラリアやニュージーランドから大きな反発を招くことになり、その賛否をめぐる議論は目指すべき「白人の国」という将来像を強化することにもつながった。

南アフリカ戦争後、金鉱山経営は経済再建の大きな切り札として期待されていた。しかし、労働者数は戦前の六〇パーセント程度までしか回復しなかった。アフリカ人が鉱山に戻らなかった背景には、賃金水準の大幅低下、粗末なコンパウンド（労働者宿舎）や危険な地下作業に代表される劣悪な就労環境などがあった。あわせて、戦争で破壊された鉄道、道路、港湾などの復旧作業が鉱山労働よりも高賃金であったことや、戦争で貨幣経済が停滞し現金収入のインセンティブが低下していたこと、さらには戦中・戦後に相対的に裕福になったアフリカ人が出現したといった事情も影響したという。ラント金鉱山では、すでに一八〇〇年代よりモザンビークから鉱山労働者が導入され、二〇世紀初頭には全労働者の約七割を占めるまでになっていたが、それに加えて中国からの年季契約労働者が投入されることになった[19]。

年季契約労働者のほとんどは、中国北部の山東・直隷で徴募された人びとだった。当初は南部の広東、広西、福建の三地域での募集が検討されていた。しかし、英領マラヤへの移民を取り扱う業者に阻まれたため、やむなく北部からの募集に変更された。北部での徴募が成功した背景には、日露戦争の影響で満州地域に出稼ぎに出るルートが閉ざされ、人びとの暮らしが困窮していたという状況もあった。一九〇三年には鉱山・仕事および機械法、一九〇四年にはトランスヴァール労働輸入法が制定され、アジア人の労働者を熟練労働から排除し、契約終了後には彼らを送還するといった方針も定められた。金鉱山での彼らの賃金はアフリカ人労働者よりも低く、結果的に労働者全体の賃金水準を抑制する役割を果たした[20]。

金鉱山への中国人年季契約労働者の採用は、オーストラリアやニュージーランドでも大規模な論争に発展し、トランスナショナル／コロニアルな排外主義を強化した。ニュージーランドの首相リチャード・セドンは、ニュージーランドとオーストラリアの両国で大規模な抗議活動を組織したほどだった。彼は、「われわれの人種、われわれの血」の防衛を掲げた[21]。

中国からの年季契約労働者の導入は、一九〇四年から一九一〇年とごく短期間であったにもかかわらず、南アフリカ社会に多大な影響を残した。まず、労働者を掌握する方法としてインドで開発されて間もなかった指紋法が採用され、労務管理の先例として大きな成果をあげた。指紋は外国人労働局職員によって採取、分類、整理保存され、賃金を含めた中国人労働者の管理のすべてが指紋をもとに行われた。その後、外国人労働局は内務省の「アジア人部局」に移管された。後述するように、この部局はトランスヴァールの全アジア系住民に指紋登録を求めた一九〇七年の「暗黒法」を先導した。指紋法を用いた労働者管理は、他の宗主国からも注目を集めた。満鉄炭鉱部はラントの実践に大きな関心を寄せ、撫順炭鉱において指紋登録を実施、それは戦後日本の外国人登録法にも継承された[22]。

さらに、ヨーロッパ系住民の憂慮を反映し、中国人を熟練労働から排除すべく「職種制限リスト」が設定されたが、このリストはのちに鉱山・仕事および機械法に吸収され、アフリカ人労働者にも適用されることになった。それらの職種制限により、高賃金のヨーロッパ系熟練労働者と安価な非‐ヨーロッパ系非熟練労働者との分化が進み、人種差別的賃金やジョブ・カラーバーの確立へとつながっていく[23]。

トランスヴァールに現れた異貌の労働者の集団に対する「白人」社会の恐怖と嫌悪は、遠く離れたケープにも飛び火した。南アフリカ戦争後のケープでは一九〇二年に移民規制法が成立し、貧困者・有罪判決を受けた犯罪者・精神異常者・売春婦が規制の対象となっていた。これに加え、一九〇四年に排華法が制定されたが、これは特定の集団を名指しした初の移民規制法となった。中国人は適用外とされていたものの、滞在許可書の発行が義務づけられたことにより、彼らの権利も大きく制限された[24]。

五　統一的な移民規制法の成立へ

五-一　トランスヴァールの「暗黒法」

南アフリカ戦争後にイギリスの直轄植民地となったトランスヴァールでは、アジア系住民の期待に反して、彼らに対するより深刻な制限が課されることとなった。一九〇三年六月、高等弁務官アルフレッド・ミルナーは、「アジア人部局」の創設と身元登録の義務化を表明した。目的は、すでに居住しているアジア系住民の完全な掌握と移動の管理、新たなアジア系住民の流入を防止することだった。古い許可書は返却し、親指の指紋登録に基づく登録証明書へと切り替えることが求められたが、このとき当該規則の交渉のキーパーソンとなったガンディーは、親指の登録にはむしろ積極的な立場であった。親指の押捺は署名のできない無学な人びとの保護に役立つと考えていたのである[25]。

しかし、一九〇六年初頭になると、ミルナー配下の若手政治家ライオネル・カーティスを中心に、法改正の議論が進むことになる。そこには十指の指紋登録の義務化が含まれており、ガンディーは強硬に反対した。一指ではなく十指、それも高い教育を受けたエリートまでもが指紋を要求されるのは、ガンディーにとってこのうえない辱めに映った。一九〇六年八月に、通称「暗黒法」の法案が布告された。八歳以上の男女すべてが、氏名・住所・カースト・年齢・身体の特徴に加えて十指の指紋登録が義務づけられ、さらに所定の期間内に申請がなかった場合は居住権を喪失するとされた。ガンディーをはじめとする多数のインド系住民たちは、インド人の名誉を守るべく一九〇六年九月に立ち上がった。ここに初めて大規模な抵抗運動が発生する[26]。

一九〇七年五月、イギリス政府もこの法を承認し、同年七月から施行された。一九〇七年末になると、ガンディーは支持者たちに対し自発的に親指の指紋を登録するよう呼びかけはじめた。彼は、インドで指紋の分類法を確立したエドワード・ヘンリーの著書『指紋の分類と利用』から指紋のシステムの有効性を学んでいた。さらに、一九〇七年末から〇八年一月にかけて、責任政府の植民地長官ヤン・スマッツは獄中にあったガンディーに妥協案を提示し、「インド系住民が自発的に登録すれば『暗黒法』を廃止する」との口約束が交わされたといわれるが、真偽のほどは定かではない。ガンディーは、スマッツとの会談後、支持者に対して「十指の登録を支持する」という立場を示した。インド系住民たちは、登録局に足を運び、間もなくインド人の約九五パーセントが指紋を提供したとされる。翌年になって、スマッツが暗黒法を廃止するつもりがないことを悟ったガンディーは、再度、指紋登録を批判する側に立場を転じた。しかし、このころにはすでにトランスヴァールの当局はインド系住民の完全な登録証明を備えており、反対運動に参加したインド系住民の収監や強制送還が始まった[27]。「暗黒法」をめぐる抗議活動は、短期間ではあったが中華系住民とインド系住民との連帯をもたらした。トランスヴァールでは、一九〇三年にChinese Association（CA）が組織され、同じ年にガンディーを中心とするTransvaal British Indian Association（BIA）も設立された。一九〇六年には、この両集団が連携して「暗黒法」に対する抗議活動が行われた。両集団は、多くの逮捕者を出すなど大きな犠牲を払った。のちに中華系組織の代表が離脱したことで、中華系住民の政治的アクションは途絶した[28]。

五-二　一九一三年移民規制法と禁止移民

一九一〇年、四つの州の統合により南アフリカ連邦が誕生した。一九一三年には、南アフリカ初の統一的な移民法である移民規制法が成立した。この時期の最大の課題は、インドからのさらなる移民流入を抑止することだった。インド系移民は、ナタールを除けば規模はけっして大きくなかったが、旅客移民は「白人の国家」建設に対する潜在的な脅威と考えられていた。それゆえ、インド系移民は常に「異なる様式で暮らし、異なる文明を持つ」と説明され、劣等であることよりも文化的な差異が強調された[29]。

イギリス政府は、インド支配を安定化させるため、少なくとも表向きはすべての臣民が平等に遇されることを求めており、特定の集団を名指しで排除するような法の制定を承認しないという立場を依然として堅持していた。また、このときには、識字テストだけでは教育を受けたインド系移民の入国が可能となるうえ、教育を受けていないヨーロッパ系移民の入国が困難になると考えられるようになっていた。そこで参照されたのが、カナダで一九一〇年に成立したばかりの移民法だった。この法は、「カナダの気候や求める条件に適さない、いかなる人種の移民」をも指定し、その入国を禁止する権限を内閣に対して認めていた。当時の内務大臣は、この法案の排斥条項について次のように説明している。「私たちは政府の対応が求められるような事態が起きた場合に、政府が責任をもって、望ましくない人びとを排除できるような立場にいたいのです。この権限が政府に与えられれば、望ましくない類いの人びとが突如やって来ても、政府は責任を担えるのです。世界のどこから、いつ、どんな状況で、突然人びとが動くのか予想はつきません。ゆえに、政府の対応が求められた場合はいつでも、私たちは移民を制限できるような立場にいたいのです」[30]。

これにならい、南アフリカでも「経済面、あるいは生活水準や習慣において連邦や特定の州が求める条件を満たさない人または階級」を指定する権限が内務大臣に与えられることになった。この法案が議会を通過した直後、ヤン・スマッツはすぐさま「すべてのアジア系は経済的見地から望ましくない」ことを宣言した。実際に、成立から一二日後には、インドからの移民が初の「禁止移民」として送還された[31]。

先述のクラーレンは、一九一三年の移民規制法について、連邦成立以前よりトランスヴァールで実施されていた移民管理行政との連続性を強調している。この法は、インド系と中国系移民の完全な掌握と、全域的な指紋登録という妄執に囚われていたトランスヴァール行政の延長線上に誕生したともいえる。[32]

六　小括

本節では、先行研究をもとに一九世紀後半から一九一三年に移民規制法が成立するまでの道のりを跡づけ、南アフリカがその輪郭を現しつつある時期、インド系・中華系移民の規制と管理が大きな関心事として浮上し、ついには統一的かつ包括的な移民法制定に帰結したことを確認した。移民規制法成立時、南アフリカ側の念頭にあった「望ましくない移民」に日本人は含まれていなかったと考えられるが、内務大臣によりすべてのアジア系が「禁止移民」に指定されたことで日本人も規制の対象となった。次章で示すように、日本の外務省が清水八百一を南アフリカに派遣したのが一九一六年、初の公館を開設したのが一九一八年である。移民規制法への対応が喫緊の課題と考えられていたことがうかがわれる。

ここまで振り返ってみると、日本側の交渉を検討する際に留意すべき点が、いくつか浮かび上がってきたように思われる。

第一に、アジア系移民を対象とする移民規制の成立史からは、レイクとレイノルズが示したような、「白人の国」の防衛というトランスナショナル／コロニアルな連帯の影響が確認できた。[33]南アフリカの「非‐白人」人口のうち、アジア系住民は少数派に過ぎず、北米やオーストラリアほどの苛烈な脅威論が浮上したわけではなかった。しかし、ナタール方式やラント金鉱山への中国人労働者導入の賛否をめぐる議論、また「望ましくない人びと」を指定するカナダ式の手法の導入などは、グローバルなカラーラインの成立と相互参照がローカルにも作用した例といえる。日本の外務省・領事館・渡航者などのアクターによる交渉についても、南アフリカの国境のみならず、グローバルなカラーラインの存在をいかに認識していたかという点に留意すべきだろう。

第二に、この時期の移民規制の代表格のように論じられる識字テストは、「アジア系」と「ヨーロッパ系」の境界線を明確化し、彼らを南アフリカの人種的秩序へと編入する役割を果たした。同時に、識字テストは集団ではなく個人単位で選別されるため、高い教育を受けた人びとには希望を与えるものでもあった。アジアからの移民を抑制するための技術は、人種の境界を整序するとともに、複雑化することにもつながったといえよう。日本側のアクターについても、こうした線引きに翻弄されつつも、その複雑さをいかに利用したのかを検討する必要がある。

第三に、この時期のガンディーと指紋法をめぐる逸話は、科学への信奉を通じて統治される側が統治する側の眼差しを受容し、さらに度重なる譲歩の一因にもなるという、模範的マイノリティによる交渉の危うさを物語っている。いわゆる「エリート」や高い文明性を自負する人びとの諸実践を検討する際には、こうした点にも目を向けるべきだろう。

【注】

［1］Neocosmos 2010.

［2］Perberdy 2009.

［3］Klotz 2013：55. 南アフリカ時代のガンディーと同様に、インド系移民の地位の二重性を示す代表的な事例は、一九一四年から一五年にかけて発生した駒形丸事件だろう。シンガポールで事業を営むインド・パンジャーブ州出身の商人グルジット・シンは、一九一四年、カナダへの移住を目指すインド人を香港から輸送するため、日本の神栄汽船所有の駒形丸を傭船し、ヴァンクーヴァーに向かった。途中、上海、門司、神戸、横浜でさらに移民希望者を募り、最終的な乗客数は三七六名となった。しかし、「非－白人」移民の上陸を歓迎しないヴァンクーヴァーのヨーロッパ系住民によって、駒形丸は接岸さえ許可されず、郷里に送還されることになる。グルジット・シンと移民局との交渉は二ヶ月間にも及び、カナダ側の軍事的威圧もあり、結局、駒形丸はインドに向けて出発することになった。ところが、インド人乗客たちの強制送還が反英独立闘争の火種となることを懸念したインド政庁は、カルカッタに到着した駒形丸の乗客たちを拘束しようとし、抵抗する乗客たちとの間で衝突が発生、最終的に二六名の死者と多数の負傷者や逮捕者を生むという結末に至った（栢木 2013）。ラディカ・モンジアは、駒形丸事件も含め、インド人の移入を制限しようとするカナダ側の主張に注目し、アジア人を排斥するという必要を通じて移民たちをいずれかの国籍に固定する「移民の国民化」が促されたこと、パスポート法は移民の出身国を重視するような理解の結果ではなく、むしろ「国民化」を制度的により強固なものにするための技術であったと指摘した（Mongia 1999）。

[4] Mckeown 2008, Klaaren 2017.
[5] Dhupelia-Mesthrie 2009, Bose 2014.
[6] Klotz 2013 : 61–65, Peberdy 2009 : 41.
[7] Thompson 1995＝1998 : 191–192.
[8] Klotz 2013 : 61–65.
[9] Klaaren 2017 : 16–30.
[10] Klotz 2013 : 67.
[11] ガンディー 2004.
[12] Klaaren 2017 : 51–52.
[13] Lake 2006.
[14] Lake 2006, Mckeown 2011 : 194.
[15] Lake 2006, Mckeown 2011 : 195.
[16] 永原 1996, Klotz 2013 : 72–112. オーディ・クロッツは、ヨーロッパ系か否かの境界線上に置かれた人びとの例として、シリア人を挙げている。トランスヴァールでは、一九〇七年に「禁止移民」に商業ライセンスと土地所有を認可しないという方針を打ち出した。これに対しシリア人は、マホメットの臣民ではなくキリスト教徒のセムの一員であると主張することで、ヨーロッパ人の側に組み込まれることに成功した。しかし同様の主張をしたインドのパールシー人の試みは不首尾に終わった（Klotz 2013 : 95）。
[17] Armstrong 1986, cited in Yap & Man 1996 : 5–9, Harris: 2007 : 4, Xiao 2016 : 2–3.
[18] Yap & Man 1996 : 32–40.
[19] 佐伯 2003 : 225–226, 網中 2014.
[20] Richardson 1982 : 107, 200, 272.

[21] Bright 2013 : 46.
[22] Breckenridge 2014 = 2017 : 80–83, 渡辺 2003 : 365-387, 高野 2016.
[23] 佐伯 2003 : 232.
[24] Klaaren 2017 : 48.
[25] Breckenridge 2014 = 2017 : 96–99.
[26] Breckenridge 2014 = 2017 : 99–102, ガーンディー 2005.
[27] Breckenridge 2014 = 2017 : 109–111.
[28] Harris 2013, Yap & Man 1996 : 137–168.
[29] Peberdy 2009 : 45.
[30] Mckeown 2011 : 208, Klaaren 2017 : 75–87, Knowles 2007 = 2014 :145–146.
[31] Mckeown 2011 : 208, Peberdy 2009 : 47.
[32] Klaaren 2017 : 87–93.
[33] Lake & Reynolds 2008.

第三章　名誉と排日

一　はじめに

前章では、南アフリカがその輪郭を現しつつある時期、インド系・中華系移民の規制と管理が大きな課題となっていたこと、そのような課題の延長に一九一三年の移民規制法が誕生したことを示した。本章では、南アフリカの移民規制に対する日本側の交渉と、その帰結として一九三〇年に南アフリカと日本とのあいだで交わされた紳士協約を検討していく。

南アフリカに到来したアジア人のなかでも日本からの移民は圧倒的に小規模であり、二〇世紀末に至るまで、日系南アフリカ人コミュニティが少なくとも目に見えるかたちでは存在しなかった。また日本から年季契約労働者が送られたことも、南アフリカの労働組合が組織的に「排日」を掲げたりすることもなかった。逆説的ではあるが、南アフリカ社会にとって取るに足らない存在だったからこそ、二〇世紀を通じて（日米開戦から日本の主権回復まで国交が途絶していた期間を除いて）南アフリカの扉をくぐり続けた唯一のアジア系集団が日本人だった。

そんな南アフリカ‐日本間の関係史のなかで大きな画期となったのが、一九三〇年に交わされた紳士協約である。この協約によって、南アフリカにおいて日本人は「アジア人」のカテゴリーから除外され、事実上ヨーロッパ人と同等の待遇を獲得したこともあり、人種主義研究においても重要な意義を持つ。

従来の議論では、両国が合意に至った背景について、前年からの大恐慌により苦境に立たされ、新たな市場開拓を模索していた南アフリカと、「一等国」の体面保持に拘泥した日本との利害の一致によるものと説明され、その奇妙な友情の特異性ばかりが強調される傾向にあった。

これに対し、本章が両国の交渉を検討するうえで念頭に置くのは、トランスナショナル空間における人種編成である。マイケル・オミとハワード・ワイナントによる*Racial Formation in the United States*は、初版より三〇年以上が経過した現在も人種主義に関する社会学的研究の代名詞となっている作品だが、人の国際移動とそれに伴う「人種プロジェクト」の変容について初めて加筆が施されたのは、二〇一五年に刊行された第三版のことだった。この変化は、従来の人種主義研究においてグローバルな人種化の検討が軽視されてきたこと、そしてこれが近年ようやく新たな課題として浮上しつつあることを物語っている。本研究では、サンジャイ・スブラフマニヤムの『接続された歴史』に代表されるグローバル・ヒストリーの潮流や、その影響下にあるバ

ンブラによる *Connected Sociologies* から刺激を受け、環太平洋地域との「連なり」に目を向けていく[1]。それを通して、南アフリカ‐日本間の交渉を、アジア人のグローバルな移動とトランスナショナルな人種編成の一場面として描出する。

二　移民規制法前史

二‐一　先人の足跡から

もっとも早い段階に南アフリカに到来した日本人としては、オランダ東インド会社の奴隷としてケープ植民地に売られた人びとのなかに、長崎出身の日本人がいたという逸話が残されている[2]。ただし、その人物像や、南アフリカでの暮らしぶりについては知られていない。

南アフリカ連邦が誕生した一九一〇年、日本は南アフリカ人のジュリウス・ジェッピーを名誉領事に任命した。一九一六年には外務省が清水八百一を派遣、その後一九一八年にアフリカ大陸初の日本公館である在ケープタウン日本領事館が開設された。一九二六年にはダーバンに名誉領事が置かれている。一九一六年時点で南アフリカに居住する日本人は計一一名で、そのうち六名までもが「ミカド商会」の関係者だった[3]。

「ミカド商会」とは、世紀転換期から二〇世紀半ばまでケープタウンの目抜き通りで人気を博していた、日本の美術品と雑貨を販売する店である。創業者の古谷駒平は、当時南アフリカを訪問・寄港した外交官や冒険家から高等商船学校の実習生までもがその名を書き残しているほどケープタウンでも名の通った人物であり、日本とアフリカとの交流史を代表するパイオニアである。

古谷の生涯を詳述した青木澄夫によると、古谷は一八七〇年、茨城県筑波郡（現つくば市）の豊かな農家に生まれた。一八八九年にアメリカに渡り、サンフランシスコの白人商店の小間使いとして働きながら夜学に通った。その後ハワイに渡り、白人酒屋ピーコック商会の注文取りになった。当時ハワイには日本から多くの労働者が渡っており、彼らからワインの注文を取ることが古谷の仕事だった。そこで蓄えた資金をもとに、古谷はホノルル繁華街に雑貨店を開店した。ところが日本人排斥の機運がハワイにも及ぶようになり、一八九七年には日本人移民の上陸禁止事件も発生、日本商品排斥の動きも広がって、古谷は店を畳んで日本に帰国した。

夢半ばで帰国を強いられた古谷が望みをかけたのが、南アフリカ・ケープタウンだった。英語圏であることや日本人商人にとってまだ手つかずの地であったこと、さらに南アフリカの金鉱山のイメージもその選択を後押ししたといわれる。一八九八年、古谷と妻は横浜港を出発し、六ヶ月後にケープタウンに到着した。到着から間もなく、ケープタウン中心部のアデレー通りに「ミカド商会」を開く。アメリカ仕込みの英語を話し、身なりもよく、誠実に働く古谷に対してケープタウンの人びとは好意的で、持参した商品は二ヶ月で完売した。その後も順調に事業を拡大し、一九一六年の時点で日本人五名、使用人として「欧州人」八名と「土人」七名を雇用していた。[4]

こうした古谷の足跡について、偉大な先駆者の成功譚や、日本人の移民史として振り返る限り、古谷の移動は彼の野心や冒険心のみに還元されることになり、事実そのように紹介されることも多い。しかし、上記からも明らかな通り、この稀有な実業家をアフリカ大陸に向かわせたのは、当時の日本の青年たちのあいだに共有されていた海外雄飛の夢であり、太平洋地域で猛威を振るったアジア人排斥だった。サンフランシスコの小間使いからスタートし、ハワイで日本人移民相手の商売に商機を見出し、一度は夢破れたもののケープタウンで再起を果たした古谷は、この時期のグローバル化の申し子といえる。

ケープタウンは移民に対して比較的寛容な政策をとっていたとはいえ、一九〇四年には中国からの移民を排斥する排華法も成立しており、アジア系移民への風当たりも小さくなかったと推測される。「ミカド商会」が南アフリカ社会で信頼を獲得することができたのは、古谷とそこで雇用された店員の階級とも関係があるかもしれない。青木によれば、「ミカド商会」には、一九一六年の時点で店員として日本人五名、使用人として「欧州人」八名と「土人」七名が雇われていた。日本人のうち、四名はそれぞれ大阪市立商業、早稲田大学商科、長崎高等商業、東京高等商業を卒業するなど高い教育を受けた精鋭揃いだった。[5]「ミカド商会」の面々は、第一次世界大戦ごろより南アフリカに派遣されるようになる日本の企業駐在員とは異なるものの、エリート集団であったとみてよいだろう。

二―二 「クーリー階級」送出国としての日本

古谷が南アフリカに渡ったころには、日本から南アフリカへの移民送り出しを奨励する風潮もあった。日本の人口問題解決策として榎本武揚によって設立された殖民協会が出版していた「殖民協会報告」にも、ちょうど世紀転換期のころには、ハワイ、メキシコ、ペルー、ブラジル等に代わる移住先として南アフリカに言及する記事がたびたび掲載されている[6]。実際に、一九〇四年七月にロンドンで記された報告書によると、南アフリカのラント金鉱山に中国労働者を「輸入」するにあたり、中国を視察した人物が日本にも足を伸ばして、日本での労働者調達の可能性を探った。そこで記されているのは、日本政府は「クーリー階級」の送出には前向きである一方、日本臣民がヨーロッパやアメリカなどの大国の臣民とは異なる処遇を受けていることについて非常に敏感になっていることなどである。結論として、中国から労働者を導入し、中国人が鉱山の環境に不適合であれば次善の策として日本人の導入も検討するため、日本とのつながりも維持しておくべきとある。また、これについて在ケープタウン日本領事を務めた今井忠直は、ラント金鉱山の所有者が日本政府に移民の輸出について打診したところ、日本人はアフリカのような気候には適応できないとして断ったらしいと、伝聞形で書き記している[7]。

これらから示唆される通り、南アフリカに中国からの年季契約労働者が導入された時期、日本もまた安価かつ豊富な労働力の供給源のひとつとみなされており、実際に移民が送出される可能性もあった。結果的に、インド人や中国人のような労働者集団が上陸することはなく、ケープタウンの地で存在感を放っていた日本人は高い教育を受けた商人たちだった。これらは南アフリカにおける「日本人」像の基盤を形成した。

三 移民規制法と第一次世界大戦と先例の参照

本節では、一九一三年に移民規制法が成立して以降、日本の外務省が南アフリカのアジア人排斥をどのように理解し、いかなる交渉を行っていたのかを検討していく。

移民規制法の制定以降、日本側は日本人に対する差別的待遇の改善に向けて交渉を開始、一九一八年にはケープタウンに日本領事館を開設した。さらに、一九一五年、一九二一年、一九二二年と数度にわたって南アフリカ側と合意を交わし、少数の日本人の入国について便宜を受けていた。[8]

北川勝彦によれば、日本と南アフリカの距離が接近した最初の契機は、第一次世界大戦だった。ドイツ製品の輸入が途絶えたことにより、その代替として日本製品への需要が高まり、外国人商人を介さない直接取引が始まったのである。たとえば一九一七年、一九一八年ごろには、兼松商店、三井物産、高島屋飯田、岩井商店などが日本から出張員を派遣し、駐在員を置くようになった。一九一六年に農務省が調査団を派遣した際、同行した三井物産の社員二名には移民規制法が適用され、認められたのは一〇日間の仮入国のみだったとあるが、一九一七年には南アフリカ内務省側より「一定の条件のもとで移民法は緩和されるべき」との回答も得ている[9]。

一九一九年のパリ講和会議を経て、日本は白人入植者植民地の国々における「排日」を強く確信することになった。一九二二年のワシントン会議を前に外務省で作成された文書によれば、主な懸案として「太平洋沿岸諸国（アメリカ、濠州、新西蘭、加奈陀）及南阿ニ於ケル日本人の出入国及待遇問題」として南アフリカの名前も挙がっている[10]。当時南アフリカに入国する日本人はごく少数であったにもかかわらず、日本の外務省や在ケープタウン日本領事館が日本人の入国や滞在、商業活動にまつわる制約に強い関心を向けていたのは、単に通商上の利便性のためではなく、これが環太平洋諸国における「排日」問題と地続きであるという認識があったからだろう。

外務省欧米局が作成した「太平洋問題研究資料 二」の『南阿聯邦に於ける日本人の権利及自由に對する制限』には、この時期の日本と南アフリカ政府との交渉の痕跡が残されている。それによると、日本は「欧州戦争開戦以来、本邦人で、商用もしくは旅行のため同地において商売を検討する人びとが少なくないことを考慮して、かつわが同盟国である英国の版図内において本邦人がこのような残酷な取り扱いをうけることを不当である」ことに鑑みて、一九一六年以来イギリス政府に対しヨーロッパ人と同等に待遇することを南アフリカ政府に勧告するよう要請するとともに、在ケープタウン名誉領事を介し南アフリカ政府と交渉してきたという。南アフリカ側からは「学生、商人、官吏等で日本政府の発給した旅券その他の文書を所持する日本人に対し毎年三〇名に限り一時的在留許可書のもとに入国を許可する」との提案があったが、日本側は、日本人はヨーロッパ人と同等の待遇が与えられるべきとの考えから、それには「まったく回答せずに今日に至る」とある。[11]

このころ南アフリカを訪問した日本人に、地理学者で評論家、政治家の志賀重昂がいる。志賀は一九一〇年と一九二二年の二度にわたって南アフリカを訪問した経験をもつ当時の日本人としては稀有な識者で、先述の殖民協会にも参加していたが、二度目の訪問時に当時の首相ヤン・スマッツあてに届けたという書簡によると、志賀は一二年前にも南アフリカを訪問しているが、前回はまったく見かけなかった「European Only」のサインが今回は街じゅうに溢れていることに驚愕したという。また志賀自身は「英国皇立地学協会名誉会員」であるため、いくつかの些細な体験を除いてはおおむね快適に旅行することができたが、他の日本人については在留はおろか入国や内地の限られた旅行さえままならない状況であった。このような状況に対し、志賀は第一次世界大戦時にイギリスや南アフリカに対して日本が行ったという金銭的・軍事的貢献を列挙し、南アフリカの人びとに求めるのはただ一点、日本人を人として待遇せよということだけだと主張する。さらにアメリカと南アフリカを比較し、アメリカは日本人排斥の地として世界的に知られるが、外務大臣が署名し日本在留米国領事の裏書きした旅券を所有していれば旅行が許可されるのに対し、南アフリカではそれすら許されていないうえ、南アフリカでは日本人がひとくくりに「禁止移民」とされていることなどの不当を訴えた[12]。志賀の記述には、特権的な人びとと労働移民との区分を所与のものとするエリートたちの「移民」観が現れている。

一九二四年にはアジア系住民の隔離を目論んだ「Class Areas Act」法案の存在が浮上する。今井領事はこの法案について、インド人、中国人、日本人を「アジア人村」「アジア人部落」に封じ込めようとするものと表現し、日本人を適用対象から除外するよう交渉を開始した。一九二五年には、アジア人入国の規制強化を求める移民規制法の改正案が議会に提出された。危機感を強めた今井は、南アフリカの内務省に対し「日本人を他のアジア人と混合視しないように字句を挿入すること」を求めた。その結果、今井は内務大臣からこの法がインド人への適用を前提としており日本人に適用する意図はないという言質を得た。数日後には両者は書簡を交わしてこの法案成立時には日本人を除外する旨を確認している。この法案はインドが強く反発し、インド人の帰還を促すという譲歩策が提示されたことで取り下げられた[13]。

さらに一九二六年、「酒類法」をめぐる議論においても、酒類販売の禁止対象のなかにアジア系住民が含まれていたことから今井が強硬に抗議をし、「日本人種《ジャパニーズ・レース》」は除外という文言が挿入された。今井はここで「ジャパニーズ」ではなく「ジャパニーズ・レース」と表記されたことについて、「更に一層我々の成功だった」と自負している。「日本人であってもアメリカで生まれた者にはアメリカの市民権があり、アメリカ人である。（中略）日本人種とせられた以上、たとえアメリカ人であっても人種が日本人種であれば、かしこに行ってもやはり欧州人と同等に取り扱われるようになって来た」[14]。今井は南アフリカ当局との交渉に臨みながら、アメリカ西海岸で差別的待遇を受けている日系人の存在を常に念頭に置いていたということだろう。

四　紳士協約の成立

四-一　禁止移民からの除外

一九二六年七月、今井領事は日本の外務大臣あてに「南アに於ける本邦人の位置改善に関する件」という書面を送った。これによれば、南アフリカの内務大臣より、移民規制法の禁止移民条項から日本人を除外するための条件が提示された。その条件とは、①渡航日本人の階級を制限すること、②形式上日本人の定住期間を定め、従来通り一回の定住期間を五年とすることだった。そして今井は、歴代の政権に比べ現政権が親日的であることを説明したうえで、多少の不便はあるがこの機を逃すと解決は一層困難になることもあり得るので、この条件をすみやかに受け入れたほうが得策だという考えを示す。そして日本側の採るべき方針として南アフリカは労働者の移入を恐れているので、渡航者を官吏、商人、会社員、妻子、学生、旅行者に限定すること、従来通り一回の滞在期間は基本五年で、一、二年の延長や出国後の再渡航を可能にすることを提案している。[15]「親日的」の意味するところは定かではないが、当時のヘルツォーク政権は「排英的」とも評されていた。この政権下では、「中庸／親英的」政権時にイギリス製品に対して設定されていた特恵関税が撤廃されるなど、イギリスからの政治的・経済的自律性の確立が掲げられていたが、それに伴う貿易相手国の多元化の流れのなかで、日本の存在感が相対的に上昇していたものと考えられる。

一九二九年に始まった大恐慌により、南アフリカ経済も大きな打撃を受けた。南アフリカ政府は農民たちを支援するべく輸入規制、輸出促進を進めたが、その影響で割を食ったのが牧羊業だった。[16]南アフリカは羊毛の新たな市場として日本に目を向け、バイヤーを呼び込むために日本人の入国に対する規制撤廃へ踏み切ることになった。

一九三〇年七月には日本領事館から南アフリカ当局に対し、日本人商人、学生、旅行者の一時的滞在については移民規制の対象から除外し、教育テストも免除するというオーストラリア‐日本間の合意（一九〇四）や、ニュージーランド‐日本間の合意（一九二八）などが送付されている。この頃、南アフリカの内務省政務官から外務省政務官あてに送られた文書によれば、同様のプロポーザルは数年前にも提出されたが、イギリスからの提言により保留になった。それは、イギリス臣民であるインド系住民を差し置いて日本人に対して便宜を図れば大きな反発を招くことになりかねないという懸念からだったという。[17]

九月三日付東京朝日新聞は「南アフリカ連邦農務大臣は二日南阿羊毛市場における自由競争を目的とする日本人羊毛買入商の連邦入国を許可するに決した」と報じ、五日には解説記事が掲載されている。「南阿の羊毛生産者が最近欧州方面の需要不振のため東洋市場への売込みを熱望しつつあること、我が大阪商船が一九二六年以来日阿間の定期航路を開設した結果日本および日本人に対する理解をよほど深めたことなどはともに今回の入国営業許可促進にあずかって力あるものであるが、それにしてもアジア人一般に対する偏見のまだ濃厚な南阿においてこの許可を見たー事は南阿政府当局としても大英断であるとみてよい」[18]。

一九三〇年一〇月、在ケープタウン日本領事代理山崎壮重と南アフリカ外務次官代理のW・J・H・ファレルとの間で合意が交わされた[19]。

日本国領事は連邦への入国許可のために次の種類の日本国臣民を推薦する。

(一) 旅行者

(二) 修学または学術的調査のみの目的で連邦を訪れる者

(三) 卸売商人および南アの輸出産物の購入者ならびにその従業員。この種類に属する被推薦者の数は適当な範囲に制限される。

(四) (一) および (二) (三) により入国を許可される者の妻子

同時に、制約としては以下のような項目も含まれていた。

・本了解に規定された許可証により連邦に入国する者はその結果としてオレンジ自由州内に居住または商業もしくは農業の目的をもって当該州に定住することはできない。

・一時居住中に滞在者より生まれた子はその結果として連邦国籍、生得権または永住についての権利をもたない。

・本了解は連邦が一九一三年の移民規制法、一九三〇年の割当法またはそれらの改正を運用しおよび実施する権利を損なうものと解釈されるべきではなく、また二ヵ月前の予告によりいつでも改訂することができる。

上記のように、この合意によって日本領事の推薦を受けた日本人観光客、研究者、商人とその家族の入国が可能になったが、同時にオレンジ自由州への居住が許可されないこと、南アフリカ滞在時に生まれた子どもは現地の国籍を取得できないといった制限も明記された。さらにこの合意が常に南アフリカ側の都合で変更される可能性があることも示されている。

この合意内容は双方の国で国内向けに要約されているが、両者を比較すると、この協約をめぐるそれぞれの国の事象が透けて見える。南アフリカ内での文書では、おそらく国内の批判を封じるために、「従来の取決」と「今回の協約」を以下のように比較し、協約が日本人渡航者の抑制につながるものであることが強調される。[20]

従来の合意（Previous Arrangement）

一、日本人貿易商の入国者数に関する制限なし。

二、卸売と小売商人が許可される。

三、入国者について日本政府は責任を認めず。それゆえ五〇ポンドの一時滞在許可証により
それらの人びとを上陸させる必要があった。

今回の協約（Present Agreement）

一、連邦政府によって上限が設定される。

二、卸売商人のみが許可される。

三、入国者の管理と退去に関して日本政府が完全な責任を受け入れる。一年有効の一時滞在
許可証が発行されるが、預かり金を取る必要はない。

これに対し、日本においては、外務省から日本帝国議会に対して送付された報告では、この合意の概要が以下のようにまとめられる。[21]

一、禁止移民からの除外（ただしその階級者に制限を付す）
二、入国居住権の確認
三、貿易営業権および不動産所有権の獲得
四、妻子同伴および呼び寄せの自由
五、貿易商人の従業員の同伴および呼び寄せの自由
六、居住期間制限の撤廃（毎年一回居住許可の更新をもって永久に居住し得る）
七、入国保証金供託の不要

外務省の報告の筆頭に「禁止移民からの除外」が挙がっていることから、日本側は条件つきであっても規制の対象から除外されることが何よりも重視されていたと考えてよいだろう。協約においては居住区域に関する言及はないが、東アフリカ調査団の大山卯次郎は、この協約の成果として居住地についても「日本人はヨーロッパ人やアメリカ人と同様に扱われるようになるだろう」と記しており、いわゆる「白人」たちのエリアへの居住を許されていたと思われる（Morikawa 1997: 11）。この時期の邦人数は、領事館関係者を除いては一四名（うち三名は移民規正法以前に入国し永住権を得た者）だった。[22]

四－二　南アフリカ社会の反応

黄禍論の源泉のひとつである環太平洋地域に比べ、南アフリカには「黄禍」を掲げる脅威論が広く流布することはなかった。ただし、この紳士協約が交わされた直後には、それに反発した一部のヨーロッパ系住民は「黄禍」などの表現を用いて反発を示した。

南アフリカの議会ではすぐさま協約への批判が噴出した。スマッツは「過去数年の間に政府が交わしたいくつもの国際的な合意のなかでも、日本政府とのいわゆる紳士協約ほど影響が広範にわたり、重要なものはない」にもかかわらず、議会での議論が不十分であったと厳しく批判した。これに対し内務大臣のマランは、日本は南アフリカの羊毛産業に富をもたらす重要な顧客であり、羊毛市場において南アフリカと競合するオーストラリアやニュージーランドでは日本人に同様の特権を与えていると反論している。さらにスマッツは、アジア人の入国と商品は南アフリカ経済の破壊に繋がり、大きな損失を招くと批判、マランは、日本、中国、インドであれ、南アフリカ市場の機会を制約することは近視眼的な政策でしかないと反論している[23]。

新聞もまた紳士協約への批判を繰り返し報道した。日本からの「ダンピング」商品が地元の産業を破壊していること、日本の安っぽいゴム底の靴が飛ぶように売れていること、日本は南アフリカの商品をサンプルとして持ち帰り、安く製造する方法を学んでいるという訴えもあった。一九三一年七月にはマランと労働大臣のクレスウェルは、ヨハネスブルク東部の工業地帯を視察、工場主によると、カーキのシャツが地元工場では一ダース四〇セントだが、ダーバンでは日本製品が三三・六セントで販売されているという。マランらは、紳士協約は日本製品の輸入と何の関係もないと説明しなければならなかった[24]。

協約に対する批判のなかには、ひとたび例外を認めれば、他のアジア系住民にも譲歩し続けることになるという懸念もあった。紳士協約を「黄禍的合意（Yellow Peril Agreement）」（Rand Daily Mail, 4 March 1931）と呼んで脅威論を掘り起こして煽り立てる報道もあった。スマッツ夫人も南アフリカ党の集会で紳士協約を批判したことを、『ローデシア・ヘラルド』紙が報じている。「われわれはすでにこの国でインド系のトラブルをじゅうぶんに抱えており、そして今政府は黄人種（yellow race）を導入しようとしている。世界でもっとも強力な黄人種である。ひとたび入国させてしまえば、彼らを取り除くことは無理でしょう[25]」。

一九三三年にはヘドリー・アーサー・チルヴァースの *The Yellow Man Looks on* が出版された。チルヴァースは、ケープ、トランスヴァール、そして南アフリカ連邦の下院議員を務めたこともある人物で、一九〇五年からは『ランド・デイリー・メイル』紙のエディターでもあった。チルヴァースの日本脅威論で目を引くのは、日本という脅威に立ち向かうために、イギリス系住民とボーア人の和解、さらにはアフリカ人とヨーロッパ系住民の人種的協力さえ呼びかけている点である。この本の巻頭言を寄せている南アフリカの富豪エイブ・ベイリーも「幸いなことに一九三三年からのヘルツォークの連立政権によって試みられているが、南部アフリカの白人の人びとがともに連携していくことに賛同が得られさえすれば、イギリス海軍の保護を引き続き享受することができるだろう」と記している。[26]

紳士協約が問題化された一九三〇年前半は、東アジアにおける満州事変、満州国建国など日本の対外的膨張政策に国際社会の関心が集まっていた時期であることから、この紳士協定が日本の対アフリカ侵略の足がかりとなるという懸念も表明されていた。リチャード・ブラッドショーは、「一九二九年の選挙の際に『黒禍』がヘルツォークの選挙スローガンとなったように、『黄禍』の亡霊は一九三三年のヘルツォークとスマッツの合流の決定に正当性を与えた」と評している。[27]

このころ、在ケープタウン日本領事館の山崎副領事は、南アフリカにおいて日本人が直面した問題について、日本の外務省に向けていくつかの事例を報告している。たとえば、日本人の商人三名が「一流ホテル」での宿泊を拒絶されたり、「日本人経営の大商店であるミカド商会の主任次席」が、店の筋向いにある「中流ホテル」の酒場で拒絶されたりといった出来事である。また別の日本人商人らが「中流カフェー」でいつも昼食をとっていたところ店から急に来店を断られたという事件も紹介されている。領事が事情を確認すると、店主に排日的な様子はないものの、一部の白人客に「有色人種がいるなら来店しない」と脅され、客足の減少を恐れていることがわかったという。[28]

これらは、日本人が入国についてさまざまな便宜を受けながらも、合意後も「白人」エリアでの日常生活は必ずしも快適なものではなかったこと、地域によっては日本人に対する眼差しはさらに冷淡なものであったことを示している。

五　移民船の寄港と日本領事館の対応

紳士協約成立前後の時期、在ケープタウン日本領事館の悩みの種となっていた問題のひとつが、日本から南米に向かう移民船の寄港だった。

ブラジルへ向かう移民たちは神戸から出航、東南アジアからインド洋を経由、南アフリカのダーバンやケープタウンなどに寄港した後にサントスに到着した。インド洋上の長い航海を経た移民たちは、南アフリカ国内でつかの間の休息を取る必要があったが、彼らが逃亡し南アフリカに移入することを恐れる南アフリカ政府により上陸は制限されてしまう。一九〇八年の移民第一船である笠戸丸がダーバンに寄港した際も、一般の移民七〇〇名は上陸を許されなかった。領事館はこうした条件を緩和すべく南アフリカ当局に働きかけていたが、同時にブラジルに向かう日本人たちを見る領事らの眼はけっして温かいものではなく、むしろ上陸した彼らの振る舞いによって自分たちに不利益が及ぶことを懸念していたことがうかがわれる。

たとえば一九二九年九月、山崎副領事は日本人上陸の件でケープタウン市長に書簡を送付している。そこでは、習慣や言語の違いから彼らの行動はケープタウン市民の眼には奇異に映るかもしれないということ、しかし彼らは日本の僻地から来ており、ケープタウンのように大きな街を見たことがないのだとして、寛大な対応を求めている。また一九三〇年二月にも山崎は、南米渡航移民に関する報告を残している。それによれば、移民たちは船着き場付近でも素足や藁草履で歩いて地元の人びとの嘲笑を招いたり、目抜き通りにある両替所に押し掛けて交通を妨げたり、大勢で少額の両替を求めたために両替所を困惑させたりしており、山崎は移民船上で上陸時のマナーを確認するよう求めている。山崎の記録からは、「白人」たちと同等の待遇を求めて尽力する彼らの努力が水泡に帰すことを恐れるあまり、移民たちの行動に苛立ちを募らせているさまが伝わってくる。山崎は東京あての文書内で自身の不断の努力について、「本官が本邦移民の動静について口やかましく細心の注意を払うのは、南ア人にとって彼らは本邦を判断する唯一の資料であり、南アフリカと本邦間の今後の関係を憂慮すればこそ」であると切々と訴えている[29]。

同時に、山崎は南アフリカ側への働きかけも忘れなかった。移民たちの上陸が許可されたことに対する日本政府からの感謝のしるしとして、一九三二年にケープタウンとダーバン中心街の公園に日本の石灯籠を寄贈したが、これも対日感情改善に向けた外交術のひとつと考えてよいだろう(図3-1)。朝日新聞のインタビューに対しても、山崎は石灯籠に言及しつつ、「毎月南米行きの日本移民が一千、二千と多数行くのが途中息つぎに上陸しては、この公園に来て、時にはバナナの食ひ散らかしなどのお国振りを発揮したりして厄介になるので」として邦人移民たちに批

図 3-1　ケープタウン市に寄贈された石灯籠の碑文（筆者撮影）

判を向けている。[30]

ブラジルに向かう日本人の移民・日本領事館・南アフリカ白人社会の関係については、石川達三の『蒼氓』（一九三五）も参考になるだろう。石川は一九三〇年に移民船「らぷらた丸」でブラジルに渡り、その経験をもとに同作を上梓したが、作中に石川の乗った船がやはりダーバンとケープタウンに寄港するくだりがある。石川はダーバンを「イギリス女の虚栄と排日の都ダーバン」と呼び、また上陸にあたって船員や監督から「排日都市に於ける注意」を聞かされたと記す。またダーバン上陸にあたり市長に金魚を献上した経緯は、次のように皮肉まじりに描かれている。「ダーバンの其の筋は最近の有色人種の擡頭に恐怖して、排日を続けることの不利を覚り、これからは親日主義で行こうとしていた。日本の其の筋は排日に対しては頭を下げて行く方針であったから、ダーバンではいとも珍しい大和の国の金魚といえる小魚二千匹を送ったのであるが、金魚はその身売りを潔しとせず、一同結束して相果てた。（中略）翌日ダーバンの新聞は金魚の死を遺憾に思い日本の好意に深謝する旨の記事をかかげた。そこでこの船の移民たちは、有色人種禁制のトオキイにもはいれたし、電車では白人の方の席へ乗れたし、ユーロピアン・オンリーと書いてある公衆便所でも番人が叱らずに入らせてくれた」[31]。

六　紳士協約以後の交渉

一九三〇年代の二国間関係は両義的なものだった。一方では、貿易関係が一九三〇年代後半に貿易高のピークを迎える。日本から南アフリカの輸入総額は一九三七年に最高の三八六万九〇〇〇ポンド、南アフリカから日本への輸出総額も同年に最高の三三〇万八〇〇〇ポンドを記録した。この時期、南アフリカ経済と日本経済はかつてないほど密接に結びついていたといえる。他方で、南アフリカのヨーロッパ系住民たちの対日感情は悪化の一途をたどっていった。一九三三年に南アフリカで実地調査を行った外務省の首藤安人書記官は、その原因として、一、日本の羊毛買付不実現に対する失望、二、親英派の勢力回復、三、日貨の進出、の三点を挙げ、さらにその背後には日本に対する知識不足があるとも指摘している。それは、「日本人は彼等の知っている印度人、支那人と同程度の低級なる者としてそれ等と同一視されている」ためであり、南アフリカに対する啓蒙を進めなければならないとしている。加えてケープタウンの山崎副領事によれば、この件において「夢にも忘れてはならないのは人種上の問題」であり、「満州問題後（中略）有色人種対白色人種、即ち日本人対欧米人の問題の深刻さは吾人の想像以上の速度と深さで逐日増大」していると述べている。[32]

一九三七年、日本と南アフリカは正式な外交関係を結び、日本がプレトリアに公使館を設立した後に南アフリカも東京に大使館を開設する計画だったが、実現しなかった。これは盧溝橋事件が原因で見送られたといわれる。[33]世界的にも経済のブロック化が進み、ドイツ・イタリアと結びついて軍事色を強めていた日本に対する経済制裁の動きが広がっていた。一九三八年にはロンドンで日貨排斥、対中国支援を掲げた国際大会が開催されている。

一九四一年、太平洋戦争開戦を前に、ほとんどの邦人は日本に引揚げた。ケープタウンの地に日本を紹介する立役者となったミカド商会もまた時代の波に翻弄され、ひっそりとその歴史に幕を下ろしている。古谷は一時帰国した際に関東大震災に被災して他界し、ミカド商会は森村商事に引き継がれていたが、担当者が太平洋戦争開戦前に退去した後に財産はすべて没収された。

七　小括

本章では、一九三〇年の南アフリカ‐日本紳士協約の成立経緯を、アジア人の移動を梃子に生起した受入地の連携や相互参照に注目しながら検討することで、トランスナショナルな空間における人種編成を浮かび上がらせてきた。

紳士協約を日本側から見れば、渡航者を貿易商人や研究者に制限することにより移民規制に対する圧力を回避するというものであり、日本がすでに環太平洋諸国と交わした紳士協約と相似形だった。日本は南アフリカに対しても、一部の「エリート」層――日本の「紳士たち」――を日本人そのものであるかのように装う換喩的粉飾によって、一等国としての体面を保つことができた。

では、南アフリカ側にとってそれはどの程度の譲歩だったのか。前章の三‐二で紹介したように、一九世紀末のナタールで導入されその後南アフリカの各州に広がった識字テストとは、教育の水準をもとに上陸者の質と量をコントロールするというものだった。いわば国の玄関口で入国希望者を「文明化された人びと」と「そうではない人びと」に分け、後者を望ましくない集団として排除するというものである。紳士協約は、送出側の日本が自主規制というかたちであらかじめ人選を行うことを求めており、南アフリカ側にとってもけっして大きな譲歩ではなかった。換言すれば、日本は紳士協約を通してナタール方式を換骨奪胎し、それにより日本人商人や企業駐在員の上陸を可能にしたといえる。

ただし、現地に居住していた日本人の経験からは、人種的昇格は容易ではなく、また紳士協約成立後もその地位は不安定なものであったことがうかがわれる。在ケープタウン日本領事館の今井領事は帰国後に南アフリカ生活を振り返りながら、アジア人排斥の責任の一端はアジア人自身にあるとし、インド人は低い価格設定で商売をするためにヨーロッパ人の商売を妨げ、中国人の鉱山労働者は窃盗や殺人を犯し、そして日本人の「醜業婦」はダイヤモンド鉱山のキンバリーを跋扈するなどして、アジア人に対する差別の遠因を作ったと述べている。[34] このように、彼らは自身が味わった屈辱を下層の日本人たちに帰責させる傾向にあった。同様の傾向は、日本からブラジルに渡る移民船への対応からも看取できる。山崎副領事がケープタウン市長にあてた書簡が物語るように、彼らは自身が呈示してきた「文明化された日本人」像が移民船の人びとによって毀損されることを恐れ、苛立ちを隠せずにいた。

白人性研究が明らかにしてきたのは、「非‐白人」の有徴化を通して、「白人」たちは自身の無徴化に成功してきたということ、またその際に有徴化されるのは肌の色といった身体的形質にとどまらず、富・権力・教養・宗教・習俗等も含まれているということだった。[35] つまり、移民船の乗客を「僻地の出身者」として有徴化した山崎副領事は、それを通してすでにケープタウンへの居住を許された日本人の無徴化を目指した。南アフリカにおいて白人性の境界線上に置かれていた彼らは、外交関係のみならず、こうした実践を通して人種的な昇格を試みていたといえる。

同時に、次章でも示すように、条件つきながら日本人にヨーロッパ系に準ずる待遇を与えるというカテゴリー変更は、のちのアパルトヘイト期のアジア系住民の位置にも影響を及ぼすことになる。識字テストが南アフリカの人種的秩序の整序と複雑化という二つの顔を持っていたように、この紳士協約もその両方の役割を果たしたといえよう。このことは、グローバルな白人性やそれと連なる南アフリカの人種主義研究においても、周縁化された人びとのエイジェンシーに注目する必要があることを示している。

【注】

［1］Omi & Winant 2015 : 125–126, Subrahmanyam 2005 = 2009, Bhambra 2014.

［2］Shell 1995 : 42.

［3］「南阿及『ザンジバル』ニ於ケル本邦人待遇振ニ関スル雑件」3.8.8.20, JP.

［4］青木 1993 : 141–190. アフリカのからゆきさんといえばザンジバル島（タンザニア）の女性たちがよく知られているが（白石 1995）、古谷駒平がケープタウンに到着した際にもすでに二名の日本人女性が進出しており、彼女たちもまたからゆきさんだったとみられる（藤田 2005 : 140）。

［5］青木 1993 : 171–180.

［6］『殖民協会報告』に掲載された南アフリカ関連の記事は以下の通り。「南阿の実相」（第69号 1899）、「南阿の

実相」（第70号 1899）、「南阿の実相」（第71号 1899）、「南阿の実相」、「ハーバード・スペンサー翁のトランスヴァールに対する意見（第73号 1899）、「南阿の実相」（第75号 1900）、「ボーアの侠勇」（第77号 1900）、「南阿の善後策」（第76号 1901）。これらでは南アフリカの教育・宗教・財政・交通・関税・経済・人口・賃金水準に加え、南アフリカ戦争の戦況が紹介されている。

［7］Memorandum on Japanese Labour 1904, Cape Town Parliament, FLD 278, SA. 今井 1929.

［8］Debates of the House of Assembly 1931 : 1129–1132, SA.

［9］北川 1999, 「南阿及『ザンジバル』ニ於ケル本邦人待遇振ニ関スル雑件」3.8.8.20, JP.

［10］宮崎 1997 : 387.

［11］外務省 1921, 外務省欧米局 1921 : 8, 外務省欧米局 1921 : 8–9.

［12］志賀 1926＝1943 : 247–256.

［13］今井 1929 : 22–25.

［14］「各国ニ於ケル排日関係雑件　南阿ノ部」J.1.1. 0.J/X1–B6, JP, 今井1929 : 29.

［15］「各国ニ於ケル排日関係雑件　南阿ノ部」J.1.1. 0.J/X1–B6, JP.

［16］北川 1999.

［17］Letter from the secretary for the Interior to the secretary for the External Affairs, 14 July 1930, Extract from papers received from the Japanese Consul, 14 July 1930, SA.

［18］東京朝日新聞１９３０年９月３日、９月５日。

［19］外務省調書 通 212, JP, Notes exchanged between the Union Government and the Japanese Consul in the Union concerning Japanese Immigration into South Africa, February 1931［A1–31］, SA.

［20］Debates of the House of Assembly 1931 : 1545–1546, SA.

［21］外務省調書 通 212, JP.

[22] Morikawa 1997 : 11.
[23] Debates of the House of Assembly 1931 : 1545–1546, SA.
[24] Debates of the House of Assembly 1931 : 1000–1001, 1128, SA, Osada 2002 : 39–40.
[25] Rand Daily Mail, 4 March 1931, Rhodesia Herald 1931. 3. 5, cited in Bradshaw 2010 : 7.
[26] Bradshaw 2010 : 15.
[27] Bradshaw 2010 : 15.
[28] 「各国ニ於ケル排日関係雑件」J.1.1.0.J/X1-B6, JP.
[29] 「本邦移民関係雑件　南阿ノ部」J.1.2.0.J2-10, JP.
[30] 朝日新聞1932年10月19日、石灯籠は、ケープタウン（図3-1）とダーバンに寄贈された。前者の石灯籠はケープタウン中心街のカンパニーズ・ガーデンに残されている。石灯籠には次のような文章が刻まれている。THIS STONE LANTERN WAS PRESENTED TO CAPE TOWN BY THE GOVERNMENT OF JAPAN AS A TOKEN OF APPRECIATION OF THE KINDNESS AND HOSPITALITY SHEWN TO JAPANESE EMIGRANTS　ERECTED — AUGUST 1932.
[31] 石川 1993 : 188–190.
[32] 北川 1999, Bradshaw 2010, 首藤 1933, 朝日新聞1933年7月5日。
[33] Osada 2002 : 42.
[34] 今井 1929 : 19–21.
[35] 藤川 2011 : 151–158.

第四章　「泡」のなかから覗いたアパルトヘイト

一　はじめに

本章では、アパルトヘイト期の南アフリカにおいて、企業駐在員を中心とする日本人がどのようなコミュニティを形成していたのか、彼らは人種に基づく空間の隔離にどのように対処し、また自身が置かれていた不安定な位置をどのように理解していたのかを検討する。

第二次世界大戦後、国際社会は脱植民地化に向けて歩みを進め、またホロコーストへの悔恨から人種主義の克服が喫緊の課題となっていく。これに逆行するかたちで、南アフリカは冷徹な人種隔離を推し進めていった。日本からの企業駐在員と関連が深い法律のうち、集団地域法（一九五〇）によって市地域は人種別に分割され、人びとは割り当てられたエリアでのみ暮らし、働くことが許された[1]。また、隔離施設留保法（一九五三）によって、公園、公衆トイレ、レストラン、ホテル、映画館、バス、列車、学校、郵便局など、あらゆる公的な場所が人種別に分離され、「Europeans/ Whites」「Non Europeans/ Non Whites」のサインが街中に掲げられた。

次章で詳述するように、外交やビジネス目的で限られた年数のみ南アフリカに滞在する人びとは、肌の色にかかわらず集団地域法や隔離施設留保法において「白人」と同様に処遇された。日本人駐在員らも「白人」エリアに居住していたことから、一九六〇年代には南アフリカの報道機関によって「名誉白人」と呼ばれたこともあった。将来にわたってこの地に暮らすことを目指す少数者とは異なり、永住権はもちろん土地所有さえ求めない彼らは、限られた日々を大過なく過ごすことを優先し、遵法的かつ内向的なコミュニティを築いた。

移民のなかでも企業駐在という移住形態を扱う研究に、エクスパトリエイト・コミュニティ研究がある。エリック・コーエンによれば、エクスパトリエイトとは主にビジネス等の目的で外国に居住する自発的で一時的な移民であり、居住地で「エクスパトリエイトの泡(expatriate bubbles)」を形成するという特徴をもつ。[2]「泡」は現地社会と駐在員コミュニティを遮断する透明な障壁のメタファーであり、異質なものから自身を守る皮膜の役割を果たしている。その内側では、外国にいながら母国と限りなく近いライフスタイルが再現される。きらびやかで、地面に触れることなく漂っており、内部はときに息苦しさを伴う、そのような「泡」のなかに留まることにより、居住地の人びとと距離を縮める機会を持たないまま駐在期間を終えることもある。

ジャカルタにおけるヨーロッパ人の駐在員コミュニティについて調査を行ったアンネ - マイ

ケ・フェヒター[3]も、駐在員という移民の最大の特徴として「泡」の存在を挙げるとともに、それは実際には壊れやすく、外界との浸透性があることも指摘している。このように、「泡」のなかに自閉するような企業駐在員らの内向性とホスト社会との距離は、外部からは批判的に、内部からは自嘲的に語られてきた。

ただし、コーエンやフェヒターの議論は、おおむね途上国に滞在する西欧人駐在員を想定しており、南アフリカに居住していた日本人の経験について検討する際には、アパルトヘイト型の人種的秩序の作用を念頭に置く必要があるだろう。あらゆる人と空間が人種に基づいて分断されていた当時の南アフリカでは、越境的な行為は禁忌とされていた。曖昧な位置に置かれていた日本人は、南アフリカ社会に必要以上に深入りせず、距離を取るようなハビトゥスを身に着けていたとも考えられる。

同時に、企業駐在員らのそうした側面は、ゲオルク・ジンメルが描いた都市生活者の特性から再検討することも可能だろう。ジンメルによれば、ヒトやモノ、情報などがせわしなく行き交う都市生活では、「間断なき印象の交替」と「神経生活の高揚」がもたらされ、それにより目の前の出来事や人びとに対してもほとんど心が揺さぶられないという「倦怠」が身についてしまう。さまざまな国や地域を訪問し、ときには数年ごとに赴任先が変わって転々とする駐在員も、そのような特性を身につけていた可能性がある。

二 インタビュー調査の背景

本章では、ヨハネスブルクを中心に形成されていた日本人コミュニティを対象としている。インタビュー調査を依頼する過程でしばしば耳にしたのは、一九八〇年代に日本人コミュニティ批判が展開されたことへの嘆きである。本研究の制約にも関わるため、ここで説明しておきたい。

当時共同通信の記者だった伊高浩昭は、南アフリカ赴任を経て、帰国後の一九八五年に『南アフリカの内側』を発表、そのうち一章は「黄色い白人」として日本人コミュニティへの批判に割かれた[4]。駐在員どうし、妻どうしの会話なども再現され、それらを通して日本人コミュニティの人びとはアパルトヘイト体制を肯定しながら豪邸での暮らしを満喫するにわか成金だと評される。

「名誉白人であれば、庭にテニスコートかプール、あるいは両方ついている白人用『豪邸』に住むことができる。メード、庭師、運転手ら、黒人の使用人もいる。（中略）週末は男はゴルフ、麻雀、女はテニス、ブリッジなどに興じ、休暇には長距離の車旅行をする。この、にわか成金的日常を、私は『ヨハネスブルグ元禄』と名付けた」「赴任時にアパルトヘイトを批判する良識を持っていた人が、三年ぐらいの駐在を終え日本に戻るとき、アパルトヘイト肯定者になっていた例を、私はいくつも思い出す。『元禄』生活を楽しみゴルフの腕を上げるうちに、立派な南ア産バナナになった人びとだ」[5]。「バナナ」とは外見は黄色いが中身は白いとして、自分だけ「白人」を気取っているアジア人の意味である。また、当時の日本は南アフリカへの制裁の一環としてスポーツ・文化交流を禁止していたが、駐在員の妻たちの生花、茶道、音楽などの趣味のクラブ活動もあたかも「制裁破り」のように描かれている。

フォト・ジャーナリストの吉田ルイ子は、一九八八年に朝日ジャーナルの取材で南アフリカに「潜入取材」を行い、日本人が「黒んぼ」への差別意識を取り繕うこともなく、アパルトヘイト政権を支持していることを報じた。日本人学校についても、「いっさいアパルトヘイトを口にしてはいけないとされている」[6]等と表現されているが、実際には吉田が訪問する前年からは教員たちの尽力により、後述するアフリカ人居住区ソウェトにある学校との合同運動会が実現していた[7]。当時の在プレトリア日本総領事も、アパルトヘイト体制には比較的厳しい姿勢をとっており、日本人の政治的立場も一様ではなかった。描かれた側には反論する手立てもなく、沈黙するより他なかったという。

当時、彼らが冷視されていた背景には、「白人」たちとビジネスを行う企業駐在員はそれだけでアパルトヘイト体制の支持者・受益者であり、差別主義者であるという理解が共有されていたためだった。一九八〇年代、国際社会が経済制裁の強化に向かうなか、一九八七年には日本が円高・ドル安や制裁措置の不徹底も手伝って、ドルベースで日本がアメリカを抜いて南アフリカの最大の貿易相手国となり、翌年の国連総会で日本を名指しにした非難決議も採択された。「名誉白人」問題は日本の反アパルトヘイト支援運動においては重い十字架のように受けとめられるようになり[8]、その批判は日本政府・日本企業のみならず駐在員コミュニティにも向けられることになった。

それに伴い、在ヨハネスブルクの日本人コミュニティに関する「醜聞」が、日本で報じられることもあった。日本人会の会報『スプリングボック』紙上で「南アフリカに非常事態が起きたら、白人の側に立って戦うぐらいの気構えを日本人は持つべき」との主張を展開したことが伊高によって告発されたり[9]、一九八六年には当時の日本人会会長だった商社支店長が、「日本政府が何といおうと、南アとの経済関係を拡大していく所存」と書き、外電によって世界中に配信されたりもした。さらには領事館からも、国際社会による南アフリカに対する経済制裁に異議を唱え、「黒人の政治的権利の付与も重要であるが、白人の巨大な経済権益の保護もそれに劣らず重要である」などの文章を『スプリングボック』紙に寄稿し、一九八五年の衆議院外務委員会で取り上げられたこともあった[10]。松本仁一のルポルタージュには、ある商社の支店には、勝共連合の『世界日報』に掲載されたアパルトヘイト礼賛の記事が置いてあり、「ついに正義の味方が出て来た感じ、一読をすすめる!」というコメントが付けられていたといったエピソードも残されている[11]。これらの報道が、南アフリカに駐在する日本人に対する眼差しを厳しくしていた。

しかし、たとえ南アフリカとの貿易関係には賛否両論あったとしても、駐在員は社命によって南アフリカに赴任し、家族はそれに帯同しているのであり、アパルトヘイトを支持するために参集したわけではない。均質化されたコミュニティではあるが、それでもなお本章で示すように多様な意見を持った人びとから構成されている。民間人についての報道でありながら、上記のような一面的な報道姿勢が不問に付されてきたことは、今一度検証される必要があるだろう。

本研究にあたり、かつて南アフリカに駐在経験のある方々にインタビューを依頼した際には、「かつて取材に協力して嫌な思いをした」「どうせ悪く書かれるだけだから」と断られることも少なくなかった。インタビューの場でも用心深く話題を選び、一定の質問以外には答えていただけないこともあった。本研究のインタビュー・データはこのような制約を含んでいる。同時に、論文への引用不可という約束で思い出話を聞かせてくださった方も多く、こうした会話は文書資料の分析に大いに役立てられている。なお、調査協力者の不利益を回避するために、匿名性の保持に加え、個人の特定につながる恐れがあると思われる部分については、差し支えない範囲で情報を加工している。

三　地理的分布と日本人会・日本人学校

本節からは、一九六〇年代を起点に、企業駐在員中心の日本人コミュニティについて検討していく。

ヨハネスブルクは当時より南アフリカ最大の商工都市であり、経済的な中枢機能がここに集積されている。南アフリカ最大の国際空港（かつてはヤン・スマッツ空港、ヨハネスブルク空港、現O・R・タンボ空港）もヨハネスブルク東部にある。日本企業の拠点もおおむねヨハネスブルクに集中し、一九七〇年前半に設立された日本人学校もここに置かれた。対して、行政の首都はそこから約六〇キロメートル北上したプレトリアであり、日本を含めて各国の大使館や領事館はここに並んでいる。それゆえ、ヨハネスブルクには企業駐在員と日本人学校関係者のコミュニティ、プレトリアには外務省関係者のコミュニティが築かれた。

日本が主権を回復し、日本人が南アフリカを再訪するようになった一九五〇年代から一九六〇年代は、アパルトヘイト関連法が続々と整備されるとともに、アフリカ人の政治活動に対して強権的な弾圧が展開されるようになるなど、「南アフリカ現代史の転換点[12]」となった時期だった。一九六〇年には、アフリカ人の移動を制限するパス法に抗議する運動が拡大するなか、ヨハネスブルク近くのシャープヴィルにて警察官がデモ隊に向かって発砲、多数のアフリカ人が殺害されるという虐殺事件が発生する。この事件と騒乱を機に解放闘争は武装化に向かい、一九六四年にはネルソン・マンデラが国家反逆罪で終身刑を言い渡された。

この時期は、日本人の駐在員にとっても、気苦労が絶えなかったとみられる。プレトリアで雑貨と土産物の店を営んでいた中華系南アフリカ人のCIさんによれば、一九六〇年代のプレトリアには日本の総領事館に勤務する外務省員が数名居住していたが、第二次世界大戦後間もない時期だったこともあり、「白人」社会のなかで孤立した状況だったという。また、一九六〇年代にプレトリアで中学から高校時代を過ごしたJOさんによれば、イギリス系の私立のボーディングスクール（寄宿学校）に自宅から通っていたが、「学校行くと、イエロー、フラットノーズ、朝から晩まで」言われる日々だった。

一九七三年に発行されたある商社の社内ニューズレターには、「今でこそ南アに住む日本人は、〝名誉白人〟として扱われているが、戦後当地に赴任した先輩は、相当苦労されたようである。しかし、ここ数年来、南アと日本との貿易は飛躍的に伸長し、それに伴い名誉白人は実質白人となりつつある」と記述されていた。[13] これらのことから、ヨハネスブルクにおいても一九六〇年代までは厳しいまなざしを向けられていたが、一九七〇年代以降には変化していったと考えられる。

ヨハネスブルク市内において、日本人の多くは一九六〇年代後半にはオックスフォードロード沿いに住まいを構えていた。一九七〇年前半になると、日本人学校がヨハネスブルク北西部のエマレンシアに建設されたことから、日本人の集住地は学校の周辺や通学バスのルート内に移動した。[14] これらの地域は、ともに「白人」ミドルクラスの人びとが居住するエリアだった。彼らの家の近隣には、やはりミドルクラスの「白人」やヨーロッパ人が住んでいた。JBさんの家は、向かいがイタリア人、両隣が南アフリカ人だった。JKさんの家は、家主がオランダ人、右隣がユダヤ系、左隣はイギリス系、向かいがアフリカーナーだったという。

彼らが借りていたのは、「白人」ミドルクラスやヨーロッパからの企業駐在員などと同水準の住宅で、支店長クラスになるとそれ以上になった。単身赴任者やコンパクトな住まいを好む家族は、フラット（日本のマンション）を借りることもあった。家族で駐在していたＪＡさんの家は、四ベッドルーム、ラウンジとキッチン、ゲストルーム一つ、それにテニスコート、二台の車という「ものすごく大きくて広々とした家」だった。一九八〇年代半ばに駐在していたある駐在員の家族がまとめた回想録によると、自身の住んでいた家は敷地六〇〇坪程度だったが、商社の支店長宅になるといずれも約一二〇〇坪の土地にプールとテニスコートがついており、日本総領事の公邸よりもこうした商社支店長宅のほうが大きいのが常だった。

彼らは多くの場合、アフリカ人の「メイド」「ガーデナー／ガーデンボーイ」などを雇っていた。前者はおおむね住み込み、後者は通いである。着任のときに、前任者の家・車・家事労働者・犬をまるごと引き継ぐこともあった。当時、多くの「白人」宅には、母家の裏やガレージの横に「メイド小屋」が建てられていた。ベッドを置けばいっぱいになるような部屋に、トイレが付いているだけの質素なもので、家事労働の女性たちはそこに寝泊まりする。[15] 南アフリカは都市部の生活水準からは不釣り合いなほど電化製品の普及が遅く、洗濯機や掃除機が普及したのは一九七〇年前半ごろだった。したがってそれ以前は、バスタブのなかで洗濯をし、ブラシを使って大きな家を掃除する家事労働者たちに家事の多くを依存していた。一九六〇年代後半の回想として、アフリカ人の運転手に「日本には黒人は居ないのか？　居ないのなら一体誰が家や町を掃除するのか？」と質問されて戸惑ったという記述もある。[16] そして家電が普及してからも、上記のような広さの家と庭を家主の要求通りにメインテナンスするには、家事労働者らの手が不可欠だった。また、家事労働者の雇用を断れば、彼らの失業に直結することから、気が進まなくとも雇用しつづけることがもっとも穏当な選択だった。とはいえ、多くの日本人は使用人を雇用することに不慣れなうえ、文化的ギャップも大きく、さらに英語が不得手な駐在員の妻が乱暴な表現で指示を出してトラブルを招くなど、さまざまな悩みの種をもたらした。

企業駐在員を中心に構成される日本人会（英語名称は The Nippon Club of South Africa）は、一九六一年に設立された。一九八〇年代発行の日本人会会則によると、その目的として、「会員相互の親睦と共通の利益を計り、わが国と南アフリカ共和国の親善ならびに通商の増進に寄与することを目的とする」とある。その重要な事業のひとつが「在留邦人子女の教育の振興」、すなわち「ヨハネスブルグ日本人学校」の運営である。

日本人学校は一九六六年に補習校としてスタートし、翌年に全日制日本人学校が発足した。当初は校舎もなく小さな民家を借りて教室としていた。所在地もグリーンサイド（一九六六〜一九六八）、サクソンウォルド（一九六八〜一九七二）と移転し、一九七二年からは現在のエマレンシアとなり、一九八四年には校舎が落成した。当初は日本からの派遣教員二名、児童生徒数一六名だったが、児童生徒数は一九七三年に四六名、一九七六年に八六名、一九七七年に一一一名と増加していった。一九八八年のデータによると、政府派遣教員一一名、現地採用教職員二名、事務職員等一名、生徒数は小中合わせて九一名となっている[17]。日本人の児童のなかには「非‐白人」

の児童受け入れに寛容なユダヤ系やミッション系の学校、インターナショナルスクールなどに通う児童もあったが、日本人学校はバザーや運動会、文化交流の拠点として、日本人コミュニティを象徴する場であり続けた。サクソンウォルド時代には、近隣住民から日本人学校排斥を求める反対運動が起きるなど[18]、エマレンシアに根をはるまでには紆余曲折があった。

ヨハネスブルクの日本人会は他国に比べ小規模であるため、コミュニティ内で家庭的なつきあいをしていたという。一九七〇年代前半までは家族を置いて赴任する男性が多かったことから、カギを預けあって皆で夕食はもちろん朝食までともにしていた（JEさん）とか、日本食レストランが少ないこともあり、常にどこかの家に集まりブライ（南アフリカのバーベキュー）をしていたという思い出を語る人もいた（JBさん）。

四　余暇と生活水準

アパルトヘイト期、日本人たちは土地所有を認められていなかった。ある記事によれば、唯一の例外は、プレトリアにある総領事館と企業が所有する住宅一軒だった。数年単位でメンバーが入れ替わり、規定の年数以上南アフリカに居住することを希望する人もいないため、それについて不満の声が上がったことはなかったという[19]。

一九八〇年代半ばに南アフリカに居住していたJFさんは、当時の日本人がヨハネスブルク生活を満喫していた理由として、利便性の高さと物価の割安感の二点を挙げる。たとえば、ヨハネスブルク中心街では当時から銀行のATMは二四時間対応、映画館はすでに複数のスクリーンが並ぶシネコン（複合型映画館）だった。また、日本では演劇やコンサートのチケットはプレイガイドの窓口に並んで購入していたのに対し、ヨハネスブルクではすでに各地のオンライン端末機で発券していた。またコンサートやオペラのチケット料金も、日本円に換算すれば二〇〇円、三〇〇円、高額なものでも一五〇〇円にとどまるため、コンサートホールの常連になるほど通いつめることができた（JFさん）。

日本人会で発行していた『スプリングボック』紙を読むと、日本人会がさまざまな余暇活動を組織していたことがわかる。もっとも活発に行われていたのはゴルフで、多くの日本人男性たちにとってヨハネスブルク生活最大の娯楽だった。元駐在員が六〇年代後半を振り返った回想によれば、かつては日本人を受け入れるメンバーシップコースが少なく、他のコースに先駆けて日本人に門戸を開いたコースとして「ランドバーグ」「カイラミ」などがあった。「ワンダラースなどは小生自身の前回駐在時（引用者注：一九六〇年代後半）には遂に一度もプレーできず時々日本人の誰かがワンダラースやキラニーでプレー出来たと話題になる程」だった。ここに名前が挙がっている「カイラミ」とはユダヤ系のカイラミカントリークラブで、日本人会とは長年にわたり良好な関係を築いてきた特別なクラブである。他のクラブ活動としては、テニス、ブジッジ、麻雀、カラオケ、コーラス、茶道、生花なども行われている。運動会は当初エスコムグラウンドで開催されていたが、七〇年代後半より会場を日本人学校に移している。

まとまった休暇の際には家族で南アフリカの各地を旅行した。旅行先は南アフリカを代表するサファリのクルーガー国立公園や、ケープタウン、ガーデンルート、ダーバンのほか、南アフリカから足をのばしやすいスワジランド、レソト、ナミビアを訪問する家族も多かった。

日本経済が好景気に湧いていた時代、日本から派遣された駐在員は、ヨハネスブルクでもかなりゆとりのある生活を送ることができた。一九八〇年代に駐在していたJHさんさんによれば、それは日本人に対する寛容な対応の一因となっていたという。

　日本の経済そのものは非常にこう調子が良かった時代ですよ、絶頂期ですよね、ですからみんな金回りが良くてまあいってみれば南アに進出している企業もみんな業績が良くてですね、余裕があったってことですよ、いろんな意味で。ですから南アにとってもいいお客さんであり、一段といいお客さんであるし、日本側にとっても大いに儲けさせてくれるとこなわけですね。お互いに蜜月ですよね。（中略）

　それから南アの場合はね、フランスとかアメリカと違って、所属してない日本人がいないわけですよ。会社員しかいないわけですね、ほとんど、外交官と会社員しか。ですからフリーターみたいな人、そういう人はいいない。そういう人にはビザ出しませんよね。九割近く会社員だってことですよ。（中略）ですから問題の起きようがないでしょうね。

第一章にも示した通り、日本人の九割までもが企業駐在員とその家族であり、それによって羽振りがよく厄介事とも無縁で法を遵守する集団というイメージが作られていたということだろう。ＪＨさんは、これが南アフリカと日本人コミュニティとの蜜月の底流をなしていたと説明する。同時に、ヨーロッパ水準の生活を享受しつつ経済的には優位にあるという環境は、ときに視野を狭めるような危うさを孕んでいた。一九八〇年代後半に赴任していた先述のＪＦさんによれば、この時期は、集団地域法や施設分離法、雑婚禁止法、背徳法などが次々と撤廃されていたが、それでも日本人の生活圏には一定の階層以上の「白人」しかいなかった。「だから言い方悪いけどその、本人が意識するしないにかかわらず、金の力に守られて優雅な生活をしていたのが当時の日本人でしょう。同じようにアパルトヘイトに守られて優雅な生活をしていた白人たちと話は合うわけですよ、優雅さにおいて連帯しちゃうんです」（ＪＦさん）。アパルトヘイト体制の末期は、肌の色による隔離から階級による分断へと移行していく時代だった。その過渡期に、日本人は経済の力によって「白人」側に身を置き、「白人」のなかの唯一の「非-白人」として、アパルトヘイトの終焉を経験していた。

このように、企業駐在員たちは気ままな暮らしを享受していたように見えるが、南アフリカ時代を複雑な心境で振り返る声もある。ＪＮさんは、勤務先の人事部に二度目の南アフリカ駐在を打診されたときには、次のように断ったという。

会社の人事部に呼ばれて、「君、転勤また頼むよ」って言われて、「どこですか」って聞いたら、「君が一番よく知ってるとこだよ」って。南アなんだよ。「四五で南アの支店長っていうのは大出世なんだよ、君」って言われて。その時僕は何て言ったかっていうと、私は一九七三年の五月にあそこのヤン・スマッツ空港をジャンボ機で離陸したときに、ジャンボの窓から南アの大平原を眺めながら、この地は二度と踏むまいと決心したと。だから私は南アへ行きませんって断ったんだ。（中略）

精神的な圧迫感があったから。要するにさっき言ったみたいないろんなアクトというのがあって、法律で決まってるでしょう。これやっちゃいけない、あれやっちゃいけない。住むとこはここにしろとか。それから日本人はこういうことやっちゃいけないとか、ああやっちゃいけないとか。だから非常にそういう精神的な圧迫感っていうのあったね。（中略）

例えば交通事故を起こしたときに、まず日本だったら119にかけるでしょう。110番にかけるでしょう。そうすると（南アフリカでは）彼らが言うのは必ず「ホワイトかブラックか」って、必ずそれが第一声なんだから。「運転手はホワイトかブラックか」って必ず聞くわけよ。そうするとホワイトって言うと白人用の救急車がやってくる。ブラックっていうと黒人用の救急車がやってくる。

ＪＮさんは「南アにいた駐在員のなかで、南アを好きになったっていうのひとりもいない」と語るほど、少なくともＪＮさんの周囲では南アフリカ生活に伴う負担感を訴える人が多かったという。これは、ＪＮさんが南アフリカに駐在していたのが一九六〇年後半から一九七〇年代前半と、比較的早い時期であったこととも関係があるかもしれない。

五　物理的距離と心理的距離

南アフリカではヨハネスブルクやケープタウンなどの都市部はタウンと呼ばれ、「白人」エリアに含まれている。タウンの周辺にはタウンシップと呼ばれる「非‐白人」居住区が配備され、都市生活に必要な安価な労働力の供給源となる。「非‐白人」労働者は昼間はタウンに出て「白人」たちの求めに応じて都市経済を支え、夕方以降は指定されたタウンシップに戻るよう定められており、許可なしにタウンに滞在しつづければ即座に逮捕されてしまう。タウンとタウンシップの関係は主と従、光と影のようにたとえられる。

なかでもソウェト（Soweto, South-West-Township の略、ヨハネスブルクから見て南西に位置するタウンシップという意味）は、アフリカ最大の商業都市ヨハネスブルクを支える最大のタウン

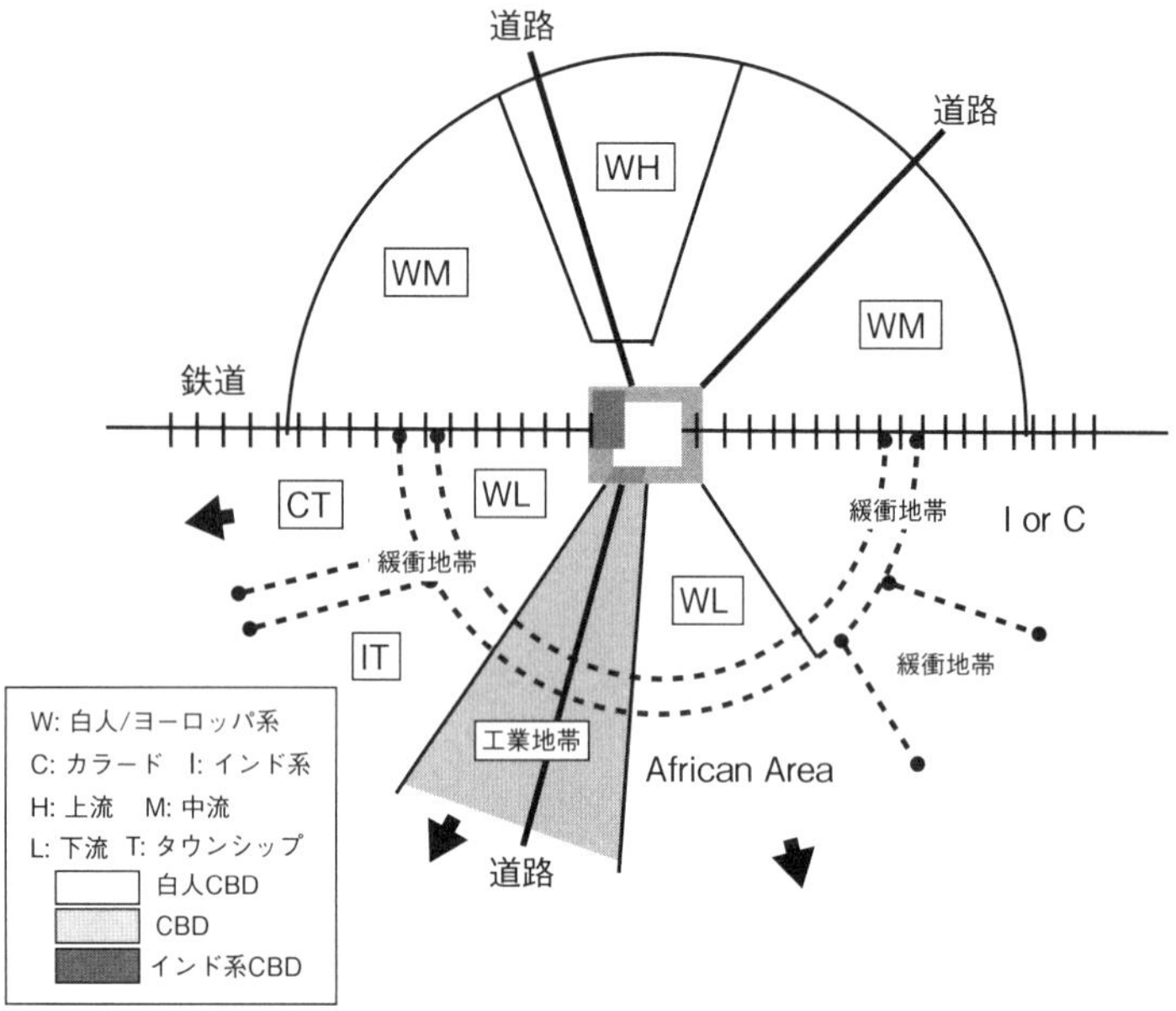

図 4-1　人種・階層別居住地配置の都市のモデル（Christopher 2001）

シップで、一九八〇年代半ばの人口は現在の京都市の人口とほぼ同規模の一五〇万人だった。ソウェト内にあるフィラカジストリートには、ネルソン・マンデラとデズモンド・ツツ大主教という二人のノーベル平和賞受賞者の自宅が並んでいたことから、現在では多くの外国人も足を運ぶ観光名所にもなっている。日本人駐在員たちの職場のアフリカ系従業員たち、「メイド」や「ガーデンボーイ」たちのほとんども、ソウェト在住もしくはソウェトに家族を置いていたと考えてよい。

図4－1は、居住地の配置を人種と階層別に塗り分けた、アパルトヘイト期の都市のモデルである[20]。ソウ

ェトはこのモデルの下部にある「African area」に当たる。「白人」エリアで「メイド」や「ガーデンボーイ」として働いていた人びとも、ソウェトからバスを乗り継いで通勤するか、ソウェトに家族を残して単身住み込みで働いていた。

日本人が集住していたエリアからソウェトまでの距離は約二五キロメートルだったが、心理的にはどれほど遠かったのか。一例として、一九八七年に出版された『南アフリカ共和国の奇跡』[21]を見てみよう。著者の井上年弘氏は一九七五年から一九七九年の五年間ヨハネスブルクに駐在していたが、これはソウェト地域において「ソウェト蜂起」が発生した時期とも重なっており、本書も当時の思い出に一章を割いている。

一九七六年六月、ソウェトの小中高校生たちによるデモに対し警察官が発砲、それを機に南アフリカ全土に騒乱が広がり、死者は約八〇〇名、負傷者数や行方不明者数は正確に把握されないほど大きな被害を出した。死者のうち約三割が一八歳以下というこの虐殺事件は国際社会にアパルトヘイト体制の残忍さを知らしめることになり、ソウェトは人種差別と隔離主義の悲劇を伝える場として、また解放運動における重要な拠点のひとつとして、象徴的な場となった。

当書では、「ソウ《マ》エ《マ》ト暴動」は、義務教育に反発した「学校の落ちこぼれ児童が起こした暴動」と評され、また、日本人の暮らしは次のように描かれる。

ソウエトの暴動が起こった時の事はもはや遠い出来事で記憶も風化してしまったが、会社の運転手が「家の方で騒ぎがあるようだから、今日は早く帰してくれ」と言ってきたので、帰してやった時が発端である。（中略）その翌日には大多数の黒人従業員は休んだので、我々は自分で車を運転しなければならなかったし、どうもこの騒ぎが簡単におさまりそうにない事が分かった。（中略）

アメリカのデトロイトで黒人暴動が起こったときに現地で生活していたので、ついつい両者を比べてしまうが、デトロイトの時の方が余ほど緊迫感があった。何しろアメリカでは同じ町の中にミックスして黒人が住んでおり、何時暴動が我々の居住区に飛び火するか知れたものではなかったからである。（中略）

その点、南アでは暴動は黒人居住区に限られており、ソウエトはヨハネスブルグから十キロほど離れた所にあったから、そこで暴徒がいくら荒れ狂っても白人社会には何ほどの影響も無かった。（中略）

暴動が最高潮に達した時でさえ、ヨハネスブルグではオフィスも官庁も平常通りにオープンしていたが、その時日本の新聞の報道ぶりは例によって大袈裟なもので、今にも南アで暴力革命が起こりそうに書きたてるものだから、日本にいた親族・友人から我々の安否を気遣う問い合わせが絶えなかった。しかし現実には南アでの生活は平穏無事であり、日本人学校など一回として休校になどなったことがないのである。[22]

この記述が示すように、井上氏の記憶において「ヨハネスブルグ」と「黒人居住区」とは異世界であり、それが南アフリカの暮らしやすさとして肯定的に想起されている。

南アフリカでは、その後、解放闘争の激化から非常事態宣言が発令されたこともあった。そのような時期でさえ、ある商社の関係者によれば、社内で規定された駐在先の格付けとして、南アフリカは依然として欧米諸国に次ぐ「準Aランク」に位置づけられていた。アフリカ人と彼らの居住地をほぼ完全に外部化することが可能になるほど、南アフリカの隔離主義は堅固であり、それゆえ駐在員たちは「非常事態」から無縁でいられるような生活を送っていたといえるだろう。

現地社会や解放闘争に対する彼らの冷淡さは、反アパルトヘイト運動の文脈では、しばしば日本人の人権意識の低さとして描かれてきた。これに対し、ベトナム戦争の取材経験もあり、ヨハネスブルク支局で数年間を過ごしたＪＨさんは次のように語る。

ＪＨさん：例えばサイゴンがね、共産軍に包囲されて、ロケットが降ってきてですね、死人が出てる、戦車が入って来て占領されましたね、私のアパートなんかみんなもう接収され車も取られて、あの近いとこで人殺されるのを何回も見るっていう局面で、すごい局面でしょ、ところがですよ、ちょっと何百メートルか離れたところではですね、水上スキーをやってる人がいたんですよ、サイゴン川で。これが現実であり歴史というものなんですね。ですから、ジンバブエでも、たとえ話はいくらでも出来ますけども、やっぱりゲリラが入場して来ましてね、そして白人政権が崩壊して、みんな逃げて白人たちの指導者たち。黒人の指導者たちによる独立祭典、独立式典が行われましたね。ところがですよ、その同じ首都のソールズベリのなかで、ディスコで踊り狂っている白人たちが結構たくさんいたんですよ。その晩ですよ。やけくそとかいうんじゃないですよ。日常生活が続いているということですね。（中略）

カンボジアでもそうでしたね。カンボジアで大殺戮がありましてね、中国人だとかカンボジア人も含めて何百人って殺されて死体が川にプラプラ浮かんでる、そのよこちょうではですね、結構楽しくデートしてるカップルがいるんですよ、そういうものなんですね。ですから例えは悪いですけど、みんな例えはよろしくないが、日本人、南アの日本人社会がね、やっぱそういうことだったたってことですよ。黒人たちの闘争が進んで、どんどんどんどん進んで、アパルトヘイト解体してく方向へ歴史が動いてるんですね。一方で、日本人社会ではそんなことは全然関係なく、楽しく滞在生活を終えてね、いい暮らしだったなと。

山本：ワインが美味しかったと。

ＪＨさん：ワインが美味しかったとかいう話ですよね、肉がうまかったとかね、大多数はそうですね。ですからこの乖離をどう考えればいいのか。

山本：それはもう、アパルトヘイトってことに限らずなんでしょうか。

ＪＨさん：ええ、そうなんですよ。だから当時の人種差別問題を振り返ってみると、本当に問題のある、とんでもない体制で、まさに許せない体制ですよね、あんな極端な差別がまかり通ってたということは。そのことは、だから頭の中ではみんな分かってるんですが、しかしさりとて会社員生活として商売して商談まとめてですね、成績上げるということと、矛盾しないといいますかね、日常的にはそういう会社の仕事一生懸命やってるわけですね。そしてときどきはテレビなんか見て、酷いなと。

これを踏まえて先述の井上氏の記述を振り返れば、サイゴンにおいて歴史的瞬間に水上スキーに興じる人がいたように、駐在員としての日常を送っていた井上氏にとって一九七六年六月一六日は――南アフリカは六月一六日を「青年の日」に制定している――運転手が早退し従業員が欠勤した日でしかなかった。今となっては滑稽でしかなくとも、それらをすべて日本人の差別意識に帰結させることはできないということだろう。

六　曖昧な位置と「名誉白人」をめぐって

「名誉白人」という呼称の存在については、インタビュー協力者のほとんどが、事前に社内のブリーフィングで聞いた、どこで知ったのかは覚えていないものの南アフリカ渡航前に承知していたなど、あらかじめ認識していたと語った[23]。ただし、そのような言葉は南アフリカ人から言われたこともないし、自分では使用したこともないという人が大半である。ＪＡさんは、日本人の「名誉白人」待遇について、「南アフリカでは法律でそうなっている、自分たちで変えるようなものではないというように、深く考えたことがないという人が大半だったのではないか」と語る。

ＪＭさんは、「白人」エリアに暮らしていると、「想像力を働かせない限り何も見えず、感じずに帰ってくることになる」と振り返りながら、南アフリカ社会における抑圧の移譲ともいえる小さな出来事と日本人の曖昧な位置について語った。

サントンのスーパーで買い物して、レジから出てきてこちら側にちょっと出た方にキオスクみたいなのがあって、チョコレートとか、タバコとか売ってるとこがあるんですね、そこでチョコレートちょっと買おうと思って並んでたら、私の前の方が終わったときに向こうの売り子さんが三人ぐらいいて、黒人の人だったんですけど、私を無視してうしろにいる白人の男性にMay I help you, sir? て言ったわけね、そしたらその男の人が僕の番じゃなくてこのレディの番だよって言ったわけ。当然並んでて見えてるわけなんだよね、彼女からも。だけど私を無視して、白人の男性に何にいたしましょうかって言ったわけね。だから、差別されてるものだから差別したくなっちゃったんじゃないかなと思う。そういうのってありますよね、差別されてる者同士が争ったり、なんかそういうのってありますよね。アメリカなんかも黒人とヒスパニックの人たちが争ったりとか、韓国系を黒人が襲撃したりだとか、なんかありますよね。そういう少数派同士でいがみ合うって、私はそういうようなつもり全然もちろんないけども、彼女たちにしてみれば、変なアジア人みたいな女の人がいるから、それを差別してやれじゃないけど、そういうような気持ちにきっとなったんじゃないかなと思うの。だから差別の構造のなかにいると、いろんな人が差別をしはじめるっていうか、そういうのがあるんだなってそのときは思ったんですよ。だからもう社会全体が、差別する構造っていうのは本当に人間に、人間として、みんながおかしくなってしまうっていうかね、やっぱりいいこと起こらないなっていう気はしましたよね。

ここで語られる経験は、ミドルマン・マイノリティ（第一章）がときには大衆層からも敵意を向けられる理由を検討するうえでも役立つだろう。

ほとんどのインタビュー協力者が、積極的にそれを口にしたことはないと語っていたが、差別を受けたり危機に直面したりした場合には、「ジャパニーズ」と名乗っていたという説明もあった。名乗ることにより、待遇の改善が期待できたともいえるだろう。

たとえばＪＬさんは、運転免許証の申請時の書類に記入する際、人種の分類に丸をつけることを求められ、悩みながらも「エイジアン」を選択した。しかし、子どもが怪我をして救急車を呼んだときには、とっさに「エイジアン」では不利益を被るおそれがあると思い、電話口で「ジャパニーズ」と言ったと振り返る。

運転免許やなんかであれすごい複雑だった、人種のところ、ホワイトってもちろん書くわけにもいかないし、オノラリーホワイトっていうのは、あれはなんていうの、正式な名称じゃないわけでしょ、オノラリーホワイトって書くわけにはいかないから、エイジアンに丸をつけるかどうしようかって、私は結局エイジアンってつけたりして。でも救急車呼ぶときには、ジャパニーズって言いましたね。なんか、子どもが怪我したとき、エイジアンなんて言ったら来てくれないんじゃないかって思ったりして。

ＪＩさんは、一九八〇年代前半に南アフリカ航空の機内で強い怒りを表明した経験を回想録にまとめ、二〇〇二年に「スプリングボッククラブ（のちにジャカランダクラブ、元日本人会のメンバーを中心とするネットワーク）」の会報に寄稿している。

「機長を呼んで下さい」。それは、午前七時ヨハネスブルグ発、ダーバン行きの南アフリカ航空機内の出来事である。（中略）
「見なさい！　私が何処に座っているかわかりますか?」「ハイ、それがどうかしましたか?」。全くこちらの意図が通じていないようである。「見たまえ！　この座席の前10列以上ガラガラに空いている。ここは、最後部より5列このようにびっしり詰まっている。これは何だ？　このようなシーティングは〝人種差別！〟ではないか」。周りの乗客…黒人、インド人、カラード…はもちろんのこと、乗務員もすべてあっけにとられた表情である。

相変わらず全くこちらの言っていることが通じないのである。突然、一人の乗務員が「チケットを拝見します」とチケットを一瞥するなり、「このお座席でフライトをエンジョイして下さい。この前の座席はすべてリザーブです」と云い残して、他の乗務員共々そそくさとキャビンの方に消えた。このまま許しておくわけには行くまい、と思うが早いが彼らを追いかけ、「私は日本人だ！　このような仕打ちは許せない！」と強硬にクレーム。シニア乗務員は「座席のシーティングは、私たちの仕事でも責任でもありません。チェックインカウンターの仕事です。座席は決められた席しか認められておりません！」（中略）

「彼等こそ人種差別・アパルトヘイトの真の被害者。こちらは言わば旅人」「あの時、〝私は日本人だ、名誉白人だ〟と居直った自分が恥ずかしい。こちらこそ〝彼等〟への人種差別をしたことに等しい。申しわけ無い」[24]

JLさんの語りやJIさんの回想は、差別的待遇に対する怒りや恐れから「ジャパニーズ」と名乗るような場面があったということ、そこでは「ジャパニーズ」が「白人と同等に処遇される集団」の意味で使用されていたことを示している。

七　隔離を学習する

アパルトヘイト期の南アフリカではアフリカ人に対する裁判なしの拘禁が横行し、拘禁中の過酷な処遇や暴行により死亡に至る例も少なくなかった。さらに、一九八〇年代半ばに南アフリカ各地に非常事態宣言が発令された折には、あらゆる階級の警察、兵士、鉄道警察、刑務官に対して令状なしに逮捕する権限が付与された。それにより、初日からアメリカのCBS、ABCの取材クルーがヨハネスブルクの街頭で通行人にインタビューをしたとして逮捕され、全員が国外退去処分になるというありさまだった。[25] 人種的な境界を無効化しようとする振る舞いは、徹底して禁忌とされた。「白人」エリアに間借りする外国人は、現地社会に深く関与せず、教えられたルールを遵守しながら暮らすようになる。

ＪＩさんは、勤務していたオフィスのトイレが人種別に分けられていることに疑問を感じ、変更しようとしたところ南アフリカ人に止められたという。

トイレは分けてあるわけよ。バス停も分かれているようにトイレも全部分かれているでしょう。それを、一緒やとこんなの、こんな面倒くさいことあかんと。そうしたら白人が来て法律違反だって。日本人は、法律違反はしちゃいかんということも大事なんだけど、私はそれすらもむしろ嫌だったわけだ。だからそれやったらさ、それは法律違反。イギリス系やな、彼だっていい人物なんだけどさ、やっぱそれやることはあなた自身が法律違反で、いろいろな意味でやっぱり問題なるよと言われたよ、そういう世界。

また、ＪＬさんは、南アフリカに来たばかりのころ、すでに滞在生活が長くなっていた人との会話を通して、人種的に隔離された風景に目が慣れていくことの怖さを語った。

あるとき子どもたちをプールで泳がせて、白人の人たちももちろん泳いでいましたけど、そこにね、インド系の人たちが、サリー巻いた人たちが入ってきたんですよ。そうしたら滞在生活の長い人が、え、ここインド系の人たちも入っていいところだったかしらってちらっと言って、私はいやよくわかんないって言ったんだけれども。要するにね、ここは私たちが入っていいところだろうかとか、あの人たちが入ってきていいところだろうかって、日本にいたらそんなこと考えませんよね、普通。そういう反応しないと思うんです。あ、南アにずっといると知らないうちに人種を自問しているのかと思ってね、いやこれは恐ろしいわと思ったの。自分も長くいると、今度は自分がそういうふうに、いいんだろうか、悪いんだろうかっていうような変な思考をしているわけよ。

その人も自分がそういう反応をしていることさえ気づいていないと思うんですけど、そのとき私はまだ南アに行ったばかりだったから。だからきっと、日本人も他の方もそういう反応を意識しないうちにやってくから、人種差別って意外とその、差別しましょうとか、するのやめましょうとか、そういうことじゃなくて日常生活のなかに知らない間に無意識に入り込んだなって感じましたね。

ここで語られるのは、アパルトヘイト体制下で暮らすうちに、隔離主義が身体化されていく過程である。

同時に、ＪＬさんは、自身がアフリカ人との接触を断念した経験について、学習を通じて思いとどまるようになったことを語っている。ＪＬさんは、週末に外出した先でアフリカ人ダンサーの寸劇とパフォーマンスを鑑賞したが、後日近所のスーパーマーケットに行ったところ、レジの女性に「私のことを覚えてない？　あのときのプリンセスよ」と声をかけられた。その女性は、スーパーマーケットで働きながらダンサーとしても活躍しており、アメリカやイギリスにも招聘されたことがあるほどの人物だった。そうした交流のなかで、ＪＬさんは彼女をぜひ自宅に招きたいと考えたが、思いとどまってしまう。近所の家から、「黒人を母屋に住まわせている」として警察に通報された経験があったからだ。通報されたのは、アフリカ人の家事労働者とその家族に、離れのバスルームを使わせていたためだった。

まあ、向こう（注：警官）も、通報があったから調べに来ただけだからって帰ったんだけど、やっぱりちょっとどきどきしてね、そのときにね、それで、レジのプリンセスをうちに呼んでお友だちになるということができなかった。本当だったら、きっとものすごくいろいろな世界じゅうを歩いて、きっといろんなことが聞けて楽しいお友だちになれたはずなのに。それだけのガッツはありませんでした。

「泡」に包まれた暮らしでさえ、家事労働者にバスルームを使わせるという禁忌を侵せば、近隣住民から通報され、警察による実況見分が行われた。そこで恐れを植えつけられ、次回からは同じ轍を踏まないよう、アフリカ人と接点をもったり、彼らの暮らしに興味を向けたりすることさえ自重するようになる。外国人であるという不安定さや緊張とも密接に結びついていただろう。彼らが「泡」の外部に対する冷淡さを見せたとしても、それは学習性の無関心に由来していた可能性があることを、ＪＬさんの経験は示唆している。

八　コスモポリタン型の無関心

インタビュー協力者はいわゆる海外経験が豊富な人びとが多く、しばしば他国と比較しながら南アフリカ生活を振り返る。すると、ときには南アフリカを比較的寛容な国とするような説明に出くわすことがある。

一例として、アフリカ文学者である土屋哲の例を見てみよう。アフリカ文学者であり、アフリカの数々の大学で日本語学講座の創設に尽力した土屋は、一九七三年に五週間にわたって南アフリカに滞在し、その滞在記を『月刊アフリカ』に寄稿した。土屋は、この旅を通して「日本人にとって住みよい処」との感触を得たと記しており、滞在記が発表された当時はアフリカ文学者によるそのようなアパルトヘイト評が驚きをもって受けとめられたと聞く。

ヨハネスブルグのスマッツ国際空港に着いた時、流石に私は緊張した。様々なニュース・ソースから得ていた、各様の南アに関する偏見が、私の頭の中で渦巻いていたからである。ところがスマッツ空港の入国管理業務が、南ア人と外国人を区別するだけで至って簡単なのには、覚悟を裏切られただけにいささか拍子抜けした。ロンドンのヒースロー空港では、英国人、コモンウェルス人、外国人と三段構えで、皮肉なことに南ア以上の差別だった。それに同じ便に乗っていた唯一の黒人ムチャーリ氏も、南ア人の関門をあっさり通過していた。彼はニューヨークの大学の創作芸術科で勉強しての帰りだと言う。（中略）

時たま、けわしい眼差しの年配婦人の、胡散くさそうな視線をいくどか浴びるくらいで、嫌な体験は全くなかった。ケープ・タウンで、植物園の便所に入ろうとした時カラードの男に「お前はこちらだ」と指示されたことがあった。親切に便所を教えてくれたのかと思ったら、非白人用の便所へ行けという訳だ。いささか腹にすえかねて帰りに白人用の方へ廻って手を洗って出てきたが、これが南ア滞在中味わった人種差別の唯一の経験だった。（中略）

南アは、日本人にとって住みよい処というのが、私の得た率直な印象である。恐らく現在の日本より住みよい。[26]

当時は解放運動が雌伏していた時期でもあり、空港でアパルトヘイトの洗礼を受けることを予測し身構えていたが拍子抜けしたこと、到着後もこの地の人種差別の実相に少しでも迫ろうと歩き回るが、期待するような差別には遭遇しなかったことも率直に描かれる。そして、ヒースロー空港との比較を通して、南アフリカはイギリスよりも寛容な国との印象が披露される。

同様の例として、ヨーロッパ数ヶ国での生活を経験しているＪＪさんは、次のように語る。

（自分は）イギリスでだってものすごい差別を受けてるの、フランスだってそう。あそこいまだにサーが付く人はみんな貴族階級。

フランスとかイギリスとか結構厳しい。そういう国を経験しての南ア駐在なので、それは違うと思いますよ。（中略）

たとえば、同じことでも、give me, give me this っていうのと、would you mind って言うのとどれだけ違うか。

このように、ＪＪさんは、能力や振る舞いも重視される南アフリカは階級社会のヨーロッパと比較しても開放的だと語られる。

これらの語り手に共通するのは、海外留学・海外駐在等の経験によりすでに人種や階級による差別に晒され、いわば耐性ができていたということ、それゆえ南アフリカで目撃した差別について振り返るときにも、どこか達観したような口ぶりとなっているということである。そのような構えは、ときには特権的な人びとによる傍観者的な振る舞いや同調として解釈されることもあったかもしれない。

こうした傾向については、先述の学習性無関心と峻別し、コスモポリタン型の無関心と呼ぶこともできるだろう。

九 「泡」のなかの反アパルトヘイト

現地では全面的に夫を支えることを求められ、また夫の会社に迷惑をかけることを避けなければならない駐在員の妻たちにとって、時間的にも空間的にも接点の多い家事労働者の「メイド」は、南アフリカ社会に対して開かれた唯一の窓だった。

日本人のなかには、「メイド」との関係の作り方、他者と共存することの難しさに頭を悩ませていた人びとも少なくなかった。一九七六年の『スプリングボック』紙では「日本人の考え方を押しつけるのではなく、できるだけ彼等の物の考え方、感じ方を理解して上げることが、良い人間関係の基礎になる」として、いくつかの心得が紹介されている。記述のところどころにアフリカ人に対する蔑視が滲むものの、当時「白人」社会において広く用いられていた「ボーイ」「ガーデンボーイ」などの呼称については、立派な大人に対して「ボーイ」と呼ぶのは相手の存在そのものを否定する行為である、「ガーデンヘルパー」などと言い換えたほうがよいなどの記述もある。良好な関係を作るべく腐心していた人びとも少なくなかったことがわかる。[27]

駐在員の子として中学一年から三年まで南アフリカに居住し、日本人学校に通っていたＪＤさんは、家事労働者の女性が自分が食べ残したものやぼろぼろに破れた弟のスニーカーを持って帰るのを見て、大きなショックを受けたことを覚えているという。日本人学校では、一部の熱心な教員の授業を除き、アパルトヘイト政策や南アフリカ政治については生徒どうしでもほとんど話題にのぼることがなかったという日々、家事労働者は南アフリカという国を教えてくれるもっとも身近で貴重な存在だった。

また、日本では家事と育児を一身に背負っていた彼女たちにとって、家事労働者は久しぶりに自分だけ、夫婦だけの時間を与えてくれた恩人だった。「桜を見たい」と言っていた家事労働者の女性に対し、いつか日本に招くと約束して帰国、その後二度にわたって彼女を日本に招待したという夫妻もいる[28]。

当時の家事労働者たちは多くの場合、ソウェトなどに家族を残し、単身で「白人」宅に寝泊まりして働いていた。自分の子どもと会えるのはよくて週に一度、ときには月に一度という生活である。そうした家事労働者との関係について、ＪＭさんは次のように語る。「私はきちんとやっぱり彼女に接してたかったの。接してたいって変だけど、してたかったので常にそれは意識の中にありましたね。人間としてきちんと接しておきたいって、したいっていう気持ちがあったので、彼女との話でも苦労したっていうよりも、楽しい部分も沢山あった。彼女がいろんな面白い話をしてくれたりするから」。ＪＭさんは南アフリカから帰国後に、反アパルトヘイト運動団体のニューズレターに、「南アフリカで暮らして」と題する文章を寄せた。

「南アフリカにいる日本人は名誉白人と呼ばれ、ぬくぬくと暮らしている」「あなたも人種差別をしていたのですか」直接私に向けられた言葉でなくても、南アフリカで三年暮らした私としては、とても複雑な気持になります。

日本人は誰でも南アで暮らし始めたら、黒人を差別する構造の中に放り込まれます。密告や強制国外退去が日常的に行われる国です。声高に人種差別反対を叫びはしませんでしたが、日本人の女性は自分たちの家族のために働いてくれた黒人のメイドの大変さをみて、いろいろなことを感じたはずです。(中略)

メイドなどの家内労働者は個々の家が雇うので雇用契約がしっかりしていません。黒人の失業率は高く、変わりはいくらでもいます。雇い主が気に入らなければ、すぐに首を切られる状態におかれています。失職するよりはという気持から、雇い主の温情にすがるしか道はありません。

私の回りには、メイドやその家族の生活が少しでも楽になるよう心を砕いた日本の女性たちがいました。日本人と黒人の生活には貧富の差がありますから、たえず物をねだられたり、盗まれたりする状況のなかで、さい疑心や自己嫌悪に襲われながら、できることは本当にささやかなことでした。個人のレベルでは限りがあります。

南アフリカに進出している日本企業は、日本人家族が滞在中一番接触のある黒人の家内労働者(メイドや庭の掃除人)に対して、どのような労働条件で契約すべきか、個人の家内労働者団体（SADWA）が出している要求を考慮して、はっきりした姿勢を示すべきです。

日本においてアパルトヘイト廃絶を訴える運動がピークに達していた一九八〇年代後半、ＪＭさんは差別する側に身を置いていたことを受けとめながらも、家事労働者の尊厳を守り、生活の改善を訴えていた。この小文が女性にのみ言及しているのは、外交や貿易関係とは異なるオルタナティブなものとして、個人の実践にフォーカスされていると考えたほうがよいだろう。「個人のレベルでは限りがある」ことを受けとめながらも、目の前の「メイド」と向きあった者として、女性たちによるささやかな実践とそれに根ざした提案が記されている。「泡」のなかに閉じ込められた人びとにとって、それはできる限りの「反アパルトヘイト」だった。

一〇　小括

本章では、アパルトヘイト期南アフリカにおける日本人コミュニティの曖昧な位置に留意しながら、彼らが人種に基づく空間の隔離と自身の置かれた立場をいかに理解し、また南アフリカ社会にどのように関与していたのかを検討してきた。

企業駐在員を中心とする彼らは、数年ごとに入れ替わる非永住型の集団であり、コミュニティの規模も最大で八〇〇名ほどと非常に小規模だった。日本の主権回復後の一九五〇年代〜一九六〇年代ごろは、いくつかの情報から推測して、気苦労の絶えない時期だったとみられる。これに対し、一九八〇年代のヨハネスブルクに居住していた人びとの語りからは、そのような苦労話はほとんど出てこなかった。その理由としては、両国の通商関係の緊密化により南アフリカにおける日本の存在感が大きくなったこと、ヨハネスブルクの「白人」エリアの人びとも日本人の存在に慣れてきたものと考えられる。日本人の側も、経済的な優位性ゆえにゆとりある生活を満喫することが可能になっていた。この時期の南アフリカに居住していた日本人は、与えられた環境におおむね自足しており、不自由を感じる場面も少なくなっていたとみてよいだろう。

南アフリカに居住していた日本人は与えられた環境に自足していたが、それは彼らの南アフリカ生活が期間限定のものだったことと切り離せない。将来にわたってこの地に暮らすことを目指す少数者とは異なり、永住権はもちろん土地所有さえ求めない彼らは、限られた日々を大過なく過ごすことを優先する。結果的に、人種隔離の廃絶に向けて南アフリカ各地が大きく揺さぶられていた時期、ここでは静かでトラブルの少ない遵法的なコミュニティが築かれた。一九七〇年代後半からは、南アフリカのアフリカ人社会では反アパルトヘイト闘争が大きなうねりとなり、一九八〇年代半ばには非常事態宣言が発布されるほど緊迫した情勢となっていた。そのような時期でも、商社の駐在先の格付けとして南アフリカが欧米に次ぐランクに置かれていたということは、彼らがごく限定的な生活圏にとどまることが前提視されていたことを物語っている。

同時に、「南アフリカでは法律でそうなっている、自分たちで変えるようなものではないというように、深く考えたことがないという人が大半だったのではないか」（ＪＡさん）という言葉が象徴するように、人種隔離という不正義については他人事として距離を取るような傾向もあった。ヨーロッパやアメリカで生活していた人びとのなかには、すでに苛烈な人種や階級による差別を目の当たりにし、それゆえに南アフリカの人種主義に対してもどこか物慣れて達観したような表現で説明するような傾向もあった。いわばコスモポリタン型の無関心とも呼べるような構えが涵養されていたといえるだろう。また、ＪＬさんの経験と語りは、南アフリカでの暮らしになじんでいくにつれ越境的な振る舞いを自重するようになり、無関心という性向が身についていった可能性を示している。

そのような日本人にとって、家事労働者は南アフリカ社会を覗くことができる唯一の窓だった。実際に、ＪＭさんにとっては、この女性たちと向き合うことが南アフリカ社会に向き合うことであり、そのために心を砕いた女性たちもいたことが語られる。駐在員コミュニティの「泡」については、実際には外界との浸透性があることが指摘されてきたが、南アフリカに居住していた日本人にとっては、家事労働者こそが「泡」と外部とをつなぐ空気孔の役割を果たしていたといえる。

【注】

[1] 集団地域法により、各都市で大規模な強制・半強制の移住が行われた。ケープタウンにある博物館で知られるディストリクト・シックスが「白人」エリアに指定され、元の住民たちが強制的に退去させられたのも一九六六年のことである。

[2] コーエンは、エクスパトリエイトを移動の目的別に四つに分類した。すなわち、①ビジネス――外国または多国籍企業の個人起業家、代表者、経営者や従業員、現地企業の外国人従業員、外国で活動する専門家、②ミッション――外交官やその他政府の代表者、外国の援助機関の職員、外国の非営利団体の代表者、外国の駐留軍、宣教師、③指導、調査、文化――研究者、科学者（考古学者、人類学者）や芸術家、④娯楽――外国にあるセカンド・ハウスの所有者、富裕者、退職後に外国に居住する人びとやその他「万年ツーリスト」、放浪者(bohemians)、落伍者、である（Cohen 1977 : 6-7)。今日の移民研究において「エクスパトリエイト」と呼ばれているのは、①で挙げられているような起業家や企業駐在員、多国籍企業や現地法人に雇用されている非現地従業員、技術者、そして②の外交官や公館関係者、国連やその他援助機関、国際ＮＧＯの職員、研究者や芸術家が中心だろう。④の前半は今日でいう退職後のロングステイの人びと、後半はバックパッカーのような人びとが該当する。コーエンは挙げていないが、通信社や新聞社の特派員や契約記者は、①、②、③にまたがった存在といえるかもしれない。

[3] Fechter 2007.

[4] 伊高 1985.

[5] 伊高 1985 : 256-257.

[6] 吉田 1989 : 137.

[7] 松本 1989 : 218-219.

[8] Makino 2016.

［9］伊高 1985 : 255.
［10］衆議院議会1985年11月27日、『週刊宝石』1985年12月13日号。
［11］松本 1989 : 217-218.
［12］Thompson 1995 : 367.
［13］アフリカ行動委員会ニュース No. 18, 1975.
［14］南アフリカ日本人会 1981 : 227.
［15］フラットの場合、最上階にサーヴァントクォーターがあり、「メイド」たちは毎朝決まった時間になると下りてきたという（JNさん）。
［16］南アフリカ日本人会 1981 : 227.
［17］海外子女教育振興財団 1988.
［18］伊藤 1971 : 36.
［19］Rand Daily Mail, 10 December 1974.
［20］Christopher 2001.
［21］井上 1987.
［22］井上 1987 : 32-34.
［23］日本人コミュニティのなかでも、「名誉白人」の理解と用法には揺れがあったと思われる。たとえば、JEさんは、日本人は南アフリカから「名誉」を与えられたのだと語った。「そうそうあの、南アフリカの議会で誰か何とかいう人が演説したんですよ、日本人はロシアをやっつけたと、名誉を受けるべき民族だと、それでオナリー、オナー、オナードとか英語で言うたかあるいはオランダ語で言うたか知らんけどもね」。これに対し、JHさんは、アパルトヘイトの受益者である「白人」とは違うという「エクスキューズ」として、日本人は「名誉白人」を自称していたと説明する。駐在員らは「それなりにエリートぞろい。後ろめたさもある」、それ

ゆえ「白人」待遇ではあるが「白人」そのものではないということを強調するために、この語が使用されていたという。詳しくは第五章参照。

[24] 南アフリカ日本人会 2002.

[25] 松本 1989.

[26] 土屋 1974 : 22–24.

[27] 南アフリカ日本人会 1981 : 172–173.

[28] スプリングボッククラブ 2003 : 16.

第五章　人種概念としての「名誉白人」

一　はじめに

本章では、アパルトヘイト期の南アフリカに居住していた日本人の経験について、「名誉白人」という呼称の誕生とその概念が果たした役割に注目しながら検討していく。

一九七〇年代後半から一九九〇年代前半まで、日本において反アパルトヘイト運動を牽引した論者たちは、本来「白人」のみが居住を許されているはずの地域に日本の企業駐在員らがコミュニティを築き、「白人」に準ずる待遇を享受していることを問題視していた。一九八〇年代半ばからはアメリカにおいても、「南アフリカ政府は日本の経済的な実績を認識し、日本人を名誉白人に分類、南アフリカ社会で白人が得ているのと同様の特権を許可している」などと報じられるようになり、「名誉白人」という呼称はさらに広く認知されるようになった[1]。そのため、この語は一部の人種主義研究やエスニシティ研究においても使用され、今日でも「非‐白人」から「白人」への越境を指して用いられることもある。たとえば社会学者のミア・トアンは、アメリカ社会における三世以降の中華系住民の位置について研究を行い、その書名を *Forever Foreigners or Honorary Whites?*（一九九八）としている。

民主化後の一九九〇年代後半にヨハネスブルクのウィットワータースラント大学で国際関係論を修めた長田雅子は、アパルトヘイト政権下で日本人のために特別な地位が創設されたという通説を否定し、「名誉白人」という呼称も公的な場面ではただの一度も使用されたことがなく、一九六〇年代前半に南アフリカの報道機関が見出しに掲げた造語だったことを明らかにした。いわば、「名誉白人」とは、たんに南アフリカ政府によって「上」から規定されたカテゴリーではなく、南アフリカ社会における人種的な葛藤の産物として「下」からも創出されたものということになる。そして、われわれが世界を経験する仕方は、新しい概念の登場によりまったく新しいものへと組み替えられるというイアン・ハッキングの議論を踏まえるなら、「名誉白人」の登場は、そう名指された日本人のみならず、それを注視していた人びとのアパルトヘイトに対する理解を変化させた可能性もある。[2]

分析にあたって念頭に置いているのは、二〇一〇年代以降の人種主義研究で蓄積されている関係論的なアプローチである。従来の人種差別研究では、あるマイノリティが白人性との関連でいかに人種化され、いかに対処したのかなど、「白人」と「非‐白人」との対立に照準する傾向にあった。これに対し、関係論的なアプローチでは、人種的カテゴリーを生成させる言説的実践やその意味と結びついた社会関係の配置について、他のマイノリティ集団も含めた関係のなかで組織化されるものとみなす[3]。本章でも、「名誉白人」という人種カテゴリーがどのように南アフリカ社会の他集団との関係のなかで競合しあいながら創出されていったのか、そして「名誉白人」という新しい概念の登場により、日本人やそれに隣接する他集団の諸実践がどのように変化したのかを検討する。

二　南アフリカ——「名誉白人」の創出

二-一　中華系住民の地位をめぐる議論と「名誉白人」

本節では、一九六〇年代の南アフリカ議会における日本人の地位に関連する議論と、それに関する報道を概観し、「名誉白人」概念がどのように創出されたのかを検討する。

第二次世界大戦後、南アフリカでは一九四八年に国民党が政権を取り、アパルトヘイト体制が始動した。一九五〇年よりアパルトヘイト基幹法である人口登録法や集団地域法が整備されていくが、そこには「Japanese」の分類に関する記載はなかった。

南アフリカの議会（下院、当時の議席数一六〇）において、日本人の曖昧な位置づけが初めて俎上にのったのは、一九六一年四月から五月と一九六二年五月のことである。その伏流となっているのは、ダーバン在住の有力な商人だった中華系住民ディヴィッド・ソン氏の、人口登録法上の分類をめぐる議論である[4]。

一九五〇年制定の人口登録法は、すべての国民を「白人」・「原住民（黒人）」・両者の中間的な地位である「カラード」のどこかに分類するものだった。ソン氏はこの人口登録法のもとで「カラード」として分類されていたが、一九六一年に「白人」への変更を求めて人口登録控訴院に申立てを行った。当時の人口登録法では、「白人」とは「外見上明らかに白人であるか、または一般的に白人として扱われている者」（傍点筆者）とされていたため、彼は自身が「白人」として広く受け入れられていると主張、審理を経て、一九六二年三月に「白人」への再分類が承認された。政府にとってこの結末は不本意なものであり、同年に人口登録法は改正され、「白人」の定義は「外見上明らかに白人であり、かつ一般に白人として扱われている者」（傍点筆者）へと変更されることになる。ソン氏の再分類をめぐる議論やこの改正をめぐる報道が相次ぐなか、それまでほとんど関心を払われることのなかったアジア系集団が、アパルトヘイト政策の歪みをめぐる議論の最前線に押し出されることになった。

一九六一年四月、内務大臣は日本人について質問を受け、「集団地域法の目的において、日本人は白人集団のメンバーとしてみなされ、待遇される」と返答した。このときの内務大臣の発言は、南アフリカではいくつかの新聞で取り上げられたものの大きな注目を集めることはなかった。日本では日経新聞が「在住日本人に白人待遇」という見出しで、AP通信配信のベタ記事を掲載している。一九六一年五月一六日にも、内務大臣が次のように述べている。「人口の一部が白人として扱われることがあり、これらの人種集団とは了解があって、旅行施設、ホテル等はあたかも彼らが白人であるかのごとく与えられることになっている。そののち、日本人なり他のなんらかの集団の待遇ぶりについて白人に支持されなくなる場合が生じれば、彼らはもはや白人としては扱われなくなるだろう。自分にはこれが正当な原則であるように思える。（現在のところ）彼らを白人として扱ったとしても、われわれ白人にとって何の変化も生じないではないか」[5]

南アフリカではこのとき、いくつかの事件が世間を賑わせていた。まず、一九六二年一月には、プレトリア市で開催された競泳の国際大会において、会場となった市営プールが「白人」専用だったことから、招待されたはずの日本チームの参加に対して市が難色を示した。最終的には南アフリカ水泳連盟が日本側に謝罪し、日本選手は大会への参加を許されている。続いて二月には同じくプレトリア市で、「白人」専用バスの運転手が日本総領事館に勤務する職員の乗車を拒否し、抗議を受けた市の運輸局が謝罪するという混乱も大きく報じられた。これらの出来事は、この国に少数ながら日本人が居住していること、その地位がアパルトヘイト諸法において曖昧なものであることを南アフリカ社会に知らしめることになった[6]。

これらの騒動のなか、南アフリカの『スター』紙が日本人の地位について、「Honorary

Whites」という見出しを掲げて報道した。記事では二名の女性の写真が並べられ、左側の写真の下には「A Chinese woman, Classified as Coloured in South Africa」、右側の写真の下には「A Japanese woman, An "honorary White" in South Africa」とキャプションが付せられる（図5-1）。つまり外見的には見分けがつかないにもかかわらず、一方は「白人」待遇、もう一方は「カラード」待遇であるとして、そのコントラストを強調させようとしている。「名誉白人」という呼称については、「日本人に対する南アフリカの方針には前例がある。ナチス政権は一九三五年に日本人は『名誉アーリア人 Honorary Aryans』であると発表した」と説明されている[7]。

　女性の写真を並べた記事から伝わってくるのは、批判というより揶揄やからかいであり、その矛先は主に南アフリカ政府に対して向けられていたということだ。当時は「非-白人」の自由な入国が許されていなかったことから、この「Chinese」は、一九世紀末から二〇世紀初頭に南アフリカに到来した中国人の子孫で、二世か三世に当たる女性だろう。対する「Japanese」は、日本の企業駐在員か外務省関係者の家族と思われる。つまり、前者は中華系南アフリカ人、後者は日本人だが、ここではこの両者の背景をあえて曖昧にしたまま「Japanese」対「Chinese」というエスノ-ナショナルな属性にのみ還元している。『スター』紙はいわゆるリベラル系のメディアであり、アパルトヘイト政策のご都合主義と非一貫性を告発するのに好都合な材料として、「Chinese」と「Japanese」との対比が強調されたと考えられる。

　『スター』紙は、その翌月には、「Chinese? Japanese? Can you tell the difference?」として、

THE STAR JOHANNESBURG THURSDAY FEBRUARY 8 1962

"Honorary Whites"

QUESTION: "*Have the Japanese as well as the Chinese been classified as White in South Africa?*" (J. C. Scheepers, Groblershoop, Cape.)

ANSWER: There has been no public announcement by the Government that the Chinese community has been classified as White.

A newspaper in Cape Town reported in August last year that scores of Japanese who are likely to visit South Africa in future as members of trade missions or who will live here when Japan establishes an embassy in Pretoria will be regarded as Whites. The newspaper added that this had been confirmed by a senior official of the Group Areas Board in Cape Town.

The question arose because Chinese living in South Africa are regarded as a separate racial group for whom provision has been made under the Group Areas Act. The official said: "Japanese are definitely classed as Whites. They will be allowed to live where they please and make use of any hotel, restaurant, cinema or beach."

On November, 1961, The Star announced: "Full White status for Japanese, but not Chinese." It was explained that "the decision to classify Japanese as White will help Japanese trading here," and added that South African-born Chinese are regarded as Coloured. This does not apply to foreign Chinese who are granted visas to visit the country, who pass for Whites and use all White amenities.

For the purposes of the Group Areas Act they may live and own ground only in areas set aside for them. They may not buy liquor without a permit. For other purposes, Chinese are regarded as Whites and can go to White cinemas and theatres. In Johannesburg they use White transport.

A week later The Star quoted a local lawyer as saying that the Government were not enforcing the law by regarding Japanese as Whites. "They are obviously not

A Chinese woman. *Classified as Coloured in South Africa.*

A Japanese woman. *An "honorary White" in South Africa.*

White under the various Acts which lay down racial classifications and it is merely a matter of policy."

South Africa's policy towards the Japanese has a precedent. Hitler's Government announced in 1935 that the Japanese were "honorary Aryans."

An anthropologist in Pretoria said that anatomically there was no difference between Chinese and Japanese. Both came from Mongoloid stock and neither is European. There are about 6,000 people of Chinese descent in South Africa.

A comment on the position that has arisen was made in The Star on December 2 last year as follows: "South African racial laws have led to ambiguities and confusions in the past but they have hitherto produced nothing comparable to the complexity that has arisen over the official recognition of Japanese as "White."

This was underlined by the statement by the Pretoria Management Committee that it would not allow the touring Japanese swimmers the use of a municipal bath in Pretoria. Mr. W. J. Seymore, chairman of the Pretoria City Council's Management Committee, said: "Japanese are not White. They have never been declared White by the Government and I am not prepared to treat them as such . . ."

図 5-1 "Honorary Whites"（The Star, 8 February 1962）

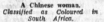

THE STAR JOHANNESBURG SATURDAY MARCH 17 1962

NS AT 150

Puzzle picture

Chinese? Japanese? Can you tell the difference?

UNDERLINING THE SOUTH AFRICAN who's who problem, increasingly facing the Government in the implementation of its race classification policy, are these two photographs — which pass the poser over to the reader. Which of these two Johannesburg women is Japanese, and which Chinese?

On the left is Mrs. Yoriko Komiyama, seen in the lounge of her Mountain View home, where she and her husband, a Tokyo bank official, have been living for a year. On the right is Mrs. H. C. Song, reading in the lounge of her Commissioner Street flat. She is the wife of Mr. A. Song, a well-known Chinese restaurateur who came to Johannesburg in 1917.

図 5-2　Chinese? Japanese? Can you tell the difference?（The Star, 17 March 1962）

二人の女性の写真を紹介している（図5-2）。記事によると、左側の女性は東京銀行の駐在員の妻で、右側の女性は一九一七年に南アフリカにやってきた中華料理のレストラン店主の妻である[8]。

他紙の例として、アフリカーンス語の新聞『Die Burger』紙も見てみよう（図5-3）。日本人水泳選手のプール使用をめぐる議論を題材にした風刺画で、喧々諤々の議論をしているプレトリア市の議会を背景に、水着を着た日本人に向かって運転手が案内をしている様子を描いている。キャプションには、「ご心配なく、彼らは国技に興じているだけです。人種問題というスポーツを」とある。この風刺画もまた、風刺の対象は日本人水泳選手ではなく、外国人のプール使用という取るに足らない問題で紛糾している南アフリカの政治家と議会である[9]。

二-二　南アフリカ議会での議論

次に南アフリカの内務大臣が日本人の待遇について重要な答弁を行ったのは、一九六二年五月のことである。このころには、人口登録法上の改正に加え、プール使用やバス乗車をめぐる話題が加わり、南アフリカ議会では日本人の地位への言及が増えていった。

一九六二年三月二七日、野党の統一党のロー議員（Raw）は内務大臣に厳しい批判を向けた。

Japaranda
„Dis niks ernstigs nie. Hulle beoefen maar net ons eintlike nasionale sport — rusies oor kleursake!"

図 5-3　Japaranda（Die Burger, 3 February 1962）

この法案の決定的な愚劣について申し上げよう。内務大臣の中華系および日本人が全体のなかでどこに位置するのか、はっきりとこの議会で説明されるよう要求する。いったい、日本人は彼らの財布のなかの金属（pig iron in their purse）によってか、皮膚のなかの色素（pigment in their skin）によってか、いずれによって（どの人種集団に属するか）判定されるのか[10]」

日本人の地位について、より踏み込んだ答弁が行われたのは、一九六二年五月一日のことである。内務大臣はこのとき、インド系や中華系住民と対置させつつ、日本人の位置について説明している。

南アフリカにおける日本人は数も少なく、また恒久的に居住しているわけでもない。むしろ旅行者を含め、この国に一時的に居住している日本人の数はきわめて少なく、かつ各地に分散している。彼らに対する措置がいかなるかたちをとるにせよ、それが前述したような、混じりあわないかたちでの生存という原則をおびやかす結果を招くことはあり得ない。したがって、日本人を白人であると宣言したり、彼らを白人として分類したり、彼らに白人の地位を与えたりすることは——さまざまな人たちが、日本人に屈辱感を与えないためにとか、いろいろな理由でそうするように主張してきたが——必要ないことなのである。したがって、いかなる日本人も白人と宣言されたことはなく、またわれわれがそうしないからといって、日本人が屈辱を感じたということもない。(中略)

現在、南アフリカには五〇名の日本人がおり、その大部分は永住者ではない。彼らは家族単位で大都会のいくつかに分散して居住しており、したがって彼らは南アフリカに定住したコミュニティではない。そのうえ、彼らの大部分は一時的な訪問者であり、日本企業のために南アフリカに来ている重要な人びとである。この理由から、日本人を集団地域法のもとで独立した集団を構成する旨を宣言することは、現実的でもなければ必要でもないと考えられた。換言すれば、一九六一年、この集団地域法執行の目的上、日本人を白人と同様に扱うことが決定されたのである。しかしこのことは、日本人がいまや白人と宣言されたという趣旨のいかなる愚弄をも正当化するものではない。事実、これは従来の諸政権の下で、長年にわたって行われてきた慣行――日本人は白人と同様にしていろいろな場所への出入りを認められてきた――を確認したものにすぎない。南アフリカにビジネスや外交その他の重要な仕事のために訪れる重要な訪問者（eminent visitors）が、たとえアジアやアフリカの国々から来た場合であっても、同じように取り扱われていることは広く知られており、いまさら付け加えることは不必要だろう。それらの人が南アフリカに短期間滞在しても、それはわれわれの基本目的に対し脅威となることはなく、またわれわれはいかなる国、いかなる人物の名誉ある地位や人間としての尊厳をも傷つける意図を持っていない。

インド系や中華系の場合は、日本人の場合とは立場が根本的に異なる。中華系は水準の高い、きわめて平和的な社会を構成しているが、それにもかかわらず彼らは七〇〇〇名以上を数え、しかも、いくつかの場所に定住したコミュニティとして住み着いている。彼らは同化能力がないし、また同化することを求めない。彼らについてなんらかの措置をとる場合は、前述の基本目的との関連上、どうしても大規模な定住したコミュニティについて取られた前例を念頭に置いてこれを行う必要がある。したがって、前に述べた法律の下では、その執行の目的上、インド系や中華系を独立した集団として宣言したのである。[11]

上記の答弁から読み取れるのは、次の二点である。第一に、日本人の処遇に関連して「従来の諸政権の下で、長年にわたって行われてきた慣行」に言及していることから、一九三〇年の紳士協約が失効してからも、少なくともその存在については共有されていたと考えられる。第二に、ビジネスや外交その他の重要な仕事のために訪れる人びとは「重要な訪問者」とみなされていたこと、肌の色や出身国にかかわらず、集団地域法のもとでは「白人」と同様に取り扱われていたということである。この答弁を通じて、「重要な訪問者」に日本人駐在員とその家族も含まれることが確認されたといえよう。

上院（当時の議席数は五四名）でも、下院ほどではないものの、日本人について議論が行われている。一九六二年五月一六日、コンラディー議員とラル議員という二名の野党議員が問題を提起した。コンラディー議員は次のように批判を向けている。

政府は、日本と貿易を行い、日本に鉄鉱石を売ることが適当と判断したとたん、ドアを開いて日本人を白人にしてしまった。これが本日の修正案の背後にある理由である。これによって政府は――いつも『白い南アフリカを守れ（Save White South Africa）』の煙幕をはりめぐらす国民党の政府は――われわれの生活態度、われわれの西洋文明がよって立つところの重要な基柱の一つを切り崩したのである。（中略）政府が日本との貿易という財政上の理由により、財政以外の何ものでもない理由により、そのドアを開け放ったとき、政府はその（日本との貿易という）誘惑に負けてしまったわけである。[12]

ラル議員は、ソン氏の分類変更について、人口登録控訴院は判断をあやまったとの見解のもと、質問を行った。

控訴院の決定はあやまっているが、彼らは日本人を白人なりと宣言した政府の行動により作られた先例に基づいて決定したのではあるまいか？　日本人はその外見にもかかわらず、白人として受け入れられていることは事実ではないだろうか？[13]

これに対し内務大臣は次のように答弁した。

コンラディー上院議員の発言を聞いて私は残念に思う。ラル上院議員もコンラディー議員と同様なことを述べた。彼らの発言は、人口登録法の執行目的上、われわれが日本人を白人であると宣言したとの趣旨であるように思う。（中略）

日本人の問題が生じたとき、われわれは南アフリカには五〇名の日本人が若干の大都市にいるにすぎず、永住権をもっているのはたった一名であることを確認した。他の日本人は、すべて一時的な滞在である。二名の上院議員諸氏は貿易のことを口にされたが、彼らはご自身の党が政権を握っていたとき、南アフリカに住む若干の中国人が彼らの総領事の推挙によってVIP扱いを受けた事実をご存じだろう。われわれはこのようなやり方を継承し、拡張さえした。上院議員諸氏のご承知のように、南アフリカはガーナからの代表団を接受したり、チョンベ（引用者注：コンゴ民主共和国政治家、モーイズ・チョンベのことと思われる）の国民の若干を――もちろん黒人である――を迎えたりしたこともある。彼らはいかに取り扱われたか。彼らは白人のように扱われたのである。[14]

ここでは「重要な訪問者」として、アフリカ諸国の代表団や政治家の名前が挙がり、日本人駐在員も彼らと同種の存在とみなされている。

一九六二年の後半以降、南アフリカでは熱が冷めるように「名誉白人」や日本人の地位に関する話題は姿を消し、国内情勢が緊張感を増すなか、この極小コミュニティの存在は忘れられていった。

以上を踏まえ、アパルトヘイト期初期の南アフリカにおける日本人についての報道と「名誉白人」という語の誕生をめぐる経緯をまとめておく。第一に、長田もすでに指摘していたように、「名誉白人」は南アフリカ政府が日本人に対して与えた語ではなく、南アフリカのリベラル系新聞による造語だった。また、その報道の主な目的は、日本ないし日本人ではなく南アフリカ政府に対する批判にあった。「同じ肌の色をもちながら、一方は白人待遇、もう一方は非 - 白人待遇」という事例は、人種政策の非一貫性を批判するのにうってつけの材料だったのだろう。第二に、内務大臣の答弁を見る限り、一九三〇年の紳士協約が失効してからも、日本人に対する寛容な待遇は一定程度維持されていたとみられる。一九六〇年代前半に限っていえば、日本人の地位について新たな決定が下されたことはなく、「重要な訪問者」に日本人駐在員とその家族が含まれることが確認されただけだった。第三に、日本人の位置づけをめぐる議論は、中華系住民による人口登録法上の再分類申請と深い関わりがある。当時南アフリカに暮らす日本人は約五〇名ほどであり、単独では問題化されなかった可能性も高い。結果的に、中華系住民は日本人企業駐在員と繰り返し比較され、それらを通して中華系住民も日本人の位置を意識するようになっていたと思われる。

三　日本――報道・運動・国会における「名誉白人」

三 - 一　一九六〇年代〜一九七〇年代の新聞報道

本節では、日本側での報道を追っていく。日本の報道機関でアフリカに支局を持っていたのは長らく朝日新聞のみだったことから、アパルトヘイト政策や「名誉白人」をめぐる報道に関して大きな役割を果たしたのも朝日新聞だった。

第二次世界大戦後、日本の主権回復に伴い、プレトリアには総領事館が再開された。南アフリカの都市部で非‐ヨーロッパ系住民に対する暴力的な強制立ち退きが行われていた頃、一九五三年にヨハネスブルクを取材した朝日新聞の記者は、「日本人は白人待遇」で「大した不自由もなくほっとした」と記している[15]。

南アフリカで内務大臣が初めて日本人の地位について言及した当時、日本の報道機関での扱いはごく小さなものだった。一九六一年の内務大臣発言の後には、日経新聞が「在住日本人に白人待遇」という見出しでAP通信配信のベタ記事を掲載している。次に五月二七日付の朝日新聞では「南アの対日感情」と題した記事が掲載される。「こうした日本人の処遇問題について去る四月十四日、議会で問題になり、ヤン・デ・クラーク内相は野党議員の質問に対して『日本人は居住地（集団居住法で規定）に関するかぎり、白人とみなして取り扱う』と答えた。いままでも日本人は特別申請して白人地域に住むことが許されていたが、これが公式に認められたわけだ」「プレトリアの総領事でも、白人なみの日常生活は結構だが、アジア・アフリカ諸国との関係にも気を使わなければならない悩みをもらしていた」。ここでは、一方で台頭しつつあったアジア・アフリカ諸国からの批判を回避しながら、他方で南アフリカとの良好な関係を維持したいという、日本の外務省の本音が率直に述べられている[16]。

当時、国際的に影響力を増しつつあったアジア・アフリカ諸国は、南アフリカのアパルトヘイト政策に対する批判を強めていたが、その矛先はアジア・アフリカグループの一角でありながら南アフリカとの貿易額を増大させていた日本にも向けられていた。一九六五年一一月二九日には、国連特別政治委員会でギニアの国連代表アクカルが対南アフリカ輸出額を大幅に増加させた日本の態度を指弾した。当時、日本は安保理の非常任理事国の候補であり、ポスト獲得に全力を注いでいた時期だったことから、一二月に椎名外務大臣は東京で行われた閣議において「今後は貿易上の犠牲をしのんでも、人種差別について、はっきり反対の態度を取らざるを得まい」と述べたことが報じられた[17]。

一九六六年四月の「アフリカの日本人」と題する記事では、椎名発言の余波として、南アフリカに駐在する企業駐在員たちのあいだに広がった困惑と動揺を伝えている。南アフリカという貴重な市場を犠牲にはしたくないという経済的利益を追求する企業駐在員について、朝日新聞の有馬特派員は、「部分的に白人待遇を受けている非白人」という「あいまいで矛盾そのものの環境に身を置きつつ、ただひとつ『貿易立国』の旗印にしがみついて敢闘している」として、板挟みになった駐在員の姿を伝えている。また、この記事では、「同じアジアの黄色人種、日本人と中国人がなぜ区別されねばならないのか」として、日本人と「中国人」との待遇差にも疑問を投げかける[18]。

この時期は、隔離政策の歪みが主題になったとしても、「白人」エリアに暮らす日本人に批判が向かうことはなかった。たとえば土屋特派員の記事では、日本人の「白人」待遇は、「中国人」にも利益をもたらし得るものとして肯定的に描かれている。「隔離のカベは、ほんのわずかではあるが崩れてきた。新築のビルには、エレベーターに区別のないものが多い。経済の繁栄が、黒人労働力を要求し、職場の差別体制にヒビがはいるきざしもみえる。日本人が白人待遇になったことが突破口になって、中国人が遠慮がちに、白人用ホテルやレストランにはいり出した[19]」。

日本の報道機関で初めて「名誉白人」という語が登場するのは、一九六七年六月の「異端の国南アフリカ共和国」の第五回目の記事内である。「日本人の資格について、この言葉を使えという法令があるわけでもないし、この国を訪れている間にこうした表現で呼ばれもしなかった」としつつも、「〝名誉白人〟の待遇をもたらしたのは、何といっても貿易のめざましい発展だ」と述べる。さらにもうひとつの背景として、「在留邦人はわずか百七十人ほどで、ほとんどがヨハネスブルクに住む会社、銀行の駐在員と家族。人数が非常に少ない上に三年前後で帰国することも〝名誉白人〟待遇の理由の一つ」であるという。記事の最後には「たとえ〝名誉白人〟にせよ同じ有色人の日本人が白人並みの待遇を受けていること、この国の白人たちが作れないような高度の工業製品をどしどし送り込んでいることは、非白人にとって決してマイナスではないはずだ」と記される[20]。日本人が「白人並み」になることへの好意的な評価は一九六四年九月の土屋特派員の記事と同じ路線といえる。

一九七〇年、当時ナイロビのアフリカ特派員であった伊藤正孝は、南アフリカに潜入取材を敢行し、その成果を「南ア共和国 黒い世界」として連載した。伊藤はこの取材をもとに一九七一年に『南ア共和国の内幕』を出版、また日本で反アパルトヘイト運動が勢いを増す一九八〇年代後半に朝日ジャーナルの編集長に就任し、南アフリカ関連の記事を多数世に送ることになる。一九七〇年七月一三日付の記事では日本人は「名誉白人」の地位を獲得していながら、オレンジ自由州等で宿泊を拒否される経験が記される。同記事では日本人の地位について、次のように注釈が付されている。「一九六一年、南ア国会で日本人の地位が問題になる。当時のヤン・デ・クラーク内務大臣は『居住地に関するかぎりは白人なみに扱う』と声明を出した。これはレストラン、ホテルでも白人同様の扱いを受けると解釈されているが、法律で保証されているわけではない。日本との貿易高をふやすための政策とみられており、日本を白人、黒人ともに『名誉白人(Honorable White)』とよんでいる」[21]。「Honorable White」は「Honorary White」の誤解だろう。

七月一四日付の記事ではポートエリザベスで日立製作所の技術者たちがアパートを借りようとして近隣住民の反対運動にあったこと、ヨハネスブルクでは日本人学校に対する排斥運動により立ち退きを余儀なくされたことなどが報じられている。またこの記事には、日本人駐在員の妻が中国人に間違えられるたびに「ノー、私は日本人よ」と叫び続けたというエピソードを紹介し、その言葉は「『私はいやしい者ではない。人間以下でしかない中国人や黒人とはわけが違う』ということを意味する危険がある」と指摘される[22]。この記事で印象的なのは、これまでの特派員の記事には見られなかったような、駐在員コミュニティへの批判が滲んでいる点である。

現地の駐在員コミュニティを厳しい批判の対象とする描写は、一九七〇年代ごろから増加していく。その際には、現地での生活ぶりも頻繁に描写された。毎日新聞による南アフリカ取材では「〝名誉白人〟の日本人は、白人居住区に住む。東京では四畳半の下宿住まいの独身駐在員が黒人メード付きの豪華マンションに住んでいる」として、優雅な暮らしぶりがさかんに強調される。[23]

南アフリカの反アパルトヘイト闘争は一九七〇年代後半に大きな転機を迎える。一九七六年六月、ヨハネスブルク郊外のソウェトで行われた若者のデモが、容赦のない武力によって制圧されるという虐殺事件が発生した（ソウェト蜂起。第四章も参照）。国連の安全保障理事会は南アフリカに対する非難決議を全会一致で可決、アパルトヘイト体制の非人道性を国際社会に知らしめた。

それでも、日本を代表して当地に身を置いていた人びとの一部は、緊張感を欠いていたとみられる。一九七八年には在プレトリア日本領事館の領事であった桑原茂樹氏が、朝日新聞のインタビューに答えている。「南アと私　邦人は『名誉』つき白人」と題した読み物だが、日本人の地位について「向こうの政府の人は、これはあくまで例外だから、余り大きな声でいわないでくれ、というのですよ」と冗談を飛ばし、「アパルトヘイトは確かにけしからんです。私もそれにくみするつもりはありませんが、泥棒にも三分の理といわれるように、歴史的背景や立場の違いというものがあり、南アには南アなりの主張があるように思います」とも発言している。[24] ソウェト蜂起後とは思えないほどの堂々たる南アフリカ政府擁護であり、領事の立場にあった人物がこのようにのびのびと「本音」を語ることが許された時期だった。

三-二　一九八〇年代〜一九九〇年代の新聞報道

日本でも、一九七六年のソウェト蜂起以降、反アパルトヘイト解放闘争との連帯を目指す動きがいっそう拡大した。

一九八一年には、静岡新聞の「論壇」に、客員編集委員による「日本人は『名誉白人』」という記事が掲載される。「南ア政府は当時から日本人だけには『名誉白人』の地位を与えて中国人その他とも異なる白人並みの待遇をしてきた。それは日本人が有色人種とはいえ欧米人に優ると も劣らぬ才能を有し、日本が南アの重要貿易相手国である事実の認識に基づくものである」。ここでは、唐突に「才能」という表現が持ち出され、暗に日本人と「中国人」との待遇差は「才能」によって説明される。また「南ア人が黒人を差別するのは皮膚の色よりも黒人の文化程度が低く、衛生思想に欠け、しかも怠惰で到底白人とは同等に取り扱えないことが主たる理由である」として、南アフリカにおける人種政策を文明-野蛮の対立のなかで説明し、同調している。[25]

一九八四年一〇月には朝日新聞の天声人語が、デズモンド・ツツ師のノーベル平和賞受賞にあわせて「『名誉白人』待遇の日本人には冷ややかな目も向けられている」と記した。また、一九八五年四月には朝日新聞の社説で「『名誉白人』待遇の日本人も、南ア女性との結婚を正式に認められない例があった」と言及するなど、このころには、アパルトヘイトに関する記事では必ずといってよいほど「名誉白人」の語が使用されるようになっていく。[26]

日本において「名誉白人」という語がインフレーションを起こすのは、一九八〇年代後半のことである。多くの先進諸国が南アフリカに対する経済制裁を強化するなか、日本はドルベースで対南アフリカ貿易高の世界一を記録し、国連のアパルトヘイト特別委員会や総会でも名指しで非難された。この数年間は、日本における反アパルトヘイト運動がもっとも高揚した時期である。そこでは「名誉白人」待遇は、人種主義と人種隔離に対する加担の象徴となり、「名誉白人」の称号の返還が日本側の運動のスローガンのひとつとなっていた。

一九八五年九月には、国連反アパルトヘイト委員会のジョゼフ・ガルバ委員長が南アフリカに対する日本政府の対応を批判、対南ア貿易の自粛、名誉白人待遇の返上などを含めたより積極的な制裁措置をとるべきと訴えたことが報じられている。一九八六年九月にボタ大統領が日本に非公式訪問した際には、アパルトヘイトに抗議する人びとが外務省を取り囲んだが、そこには「ボタ、我々は名誉白人ではない、アパルトヘイトに反対するアジア人だ」のプラカードが掲げられたという。一九八八年四月には、市民団体と労組が中心となり、社会党、民社党、公明党、社民連の有志らが賛同した意見広告が、南アフリカの『サンデー・スター』紙に掲載された。[27]そこでは、死刑判決を受けている六人の黒人政治犯の執行停止、反アパルトヘイト団体に対する政治活動禁止措置の解除とともに、「名誉白人」称号拒否などが訴えられた。[28]

一九八八年七月には、外務省専門調査員として三年にわたり南アフリカに滞在した堀江浩一郎が、朝日新聞紙上に寄稿した。「不名誉な称号」である「名誉白人」の返還に加え、「有色人種でありながら『名誉白人』という灰色的対応に甘んじている日本人は、白人と黒人が混在する白人居住区の〝灰色〟地区や、インド人居住区に移住し、同じ有色人種である黒人の〝灰色〟地区への移住を側面から擁護」すべきとして、居住地の移動さえ提言した[29]。

一九九四年に実施された初の全人種参加総選挙を経て、ネルソン・マンデラが大統領に就任した。直後の記者会見の席で、日本がアパルトヘイト政権との貿易を維持し、「名誉白人」待遇を得ていた過去について問われたマンデラは、「真の犯罪者であった国民党とともに働かなければならない現状であるから、かつての体制に単にくみしただけの者とはもちろん同様に力を合わせていきたい」と返答したという[30]。

三－三　反アパルトヘイト運動の展開

日本の反アパルトヘイト運動の先駆者である野間寛二郎は、『差別と反逆の原点』の冒頭において、アジア・アフリカ民族会議のM・ムシマング氏の手紙として「他国の内政に干渉しないというお上品な政治的経文をくりかえしている日本政府は、じっさいは、白人政権と外交・経済関係をたもち、その政権の力を強めることによって、すでに干渉をおこなっているのです」という発言を紹介している。さらに、「日本人の〈白人扱い〉は、いうまでもなく、南アフリカの政治・経済的ボイコットという世界の潮流に逆らって、日本が外交を再開し、貿易をおこなったことに対する一種の謝礼である」と記したうえで、「非人道な人種差別政策を強行している白人少数政権と、その人種差別に苦しめられている南アフリカの民衆のどちらの味方になるかを決めていただきたい」というアフリカ人活動家の声を紹介する[31]。

野間の問題提起を引き継いだ人びとは、各地で反アパルトヘイト運動団体を組織するが、その運動が勢いを増す一九八〇年代には、「名誉白人」問題はいっそう前景化することとなった。アフリカ行動委員会は一九六九年に創設され、東京において日本の反アパルトヘイト運動を牽引した団体だが、機関誌である『アフリカ行動委員会ニュース』では、一九八四年に「われわれの問題としての南アフリカ――〝名誉白人〟なんてごめんだ!」というタイトルの特集が編まれた。特集号では、一九八〇年代の日本‐南アフリカの経済関係の検討として、南アフリカに進出している日本企業に対する公開質問状と回答などが紹介され、さらに日本企業と関係の深いヨハネスブルク日本人学校の歴史などが紹介されている[32]。

行動委員会の中心人物のひとり、楠原彰は『アパルトヘイトと日本』において、日本の政財界とアパルトヘイト体制との癒着を指摘しつつ、多様な角度から「名誉白人」問題に光を当て、アパルトヘイトを日本人自身の問題として捉えることの必要を訴えた。また、森川純も『南アフリカと日本』を出版、そのあとがきには、一九八二年に南アフリカとジンバブエを訪問した際の印象が綴られている。「この旅ではアパルトヘイト体制の過酷な実状の一端、および南アでの日本の巨大な経済プレゼンスやそれを支える在南ア日本公館、南ア日本人会、ヨハネスブルグ日本人学校などの、〝名誉白人〟機関の公然たる活動を目のあたりにして強い衝撃を受けた。アパルトヘイトが犯罪というなら、日本の南アフリカでのたちふるまいは、〝共同正犯〟と規定されても仕方のない寒々しい風景がそこにはあった」。アフリカ行動委員会と縁が深い勝俣誠も、「かつて日本は近代化の過程で、アジアを切って（脱亜入欧）、西欧に伍そうとし、アジアの友人を失った。いま、日本は再び、南アで、名誉白人として白人社会に近づき、黒人の願望には耳を傾けようとしない「脱ア入白」の誤りを犯そうとしている」として、「名誉白人」問題について検討する意義を強調した[33]。

アフリカ行動委員会が発行していた降矢洋子の版画ポスターは、日本の反アパルトヘイト運動の象徴となり、多くのイベントで掲示されていた。このポスターにも、一九八〇年代後半には、「名誉白人なんてごめんだ」とのスローガンが掲げられていた。

三‐四　衆議院・外務委員会

一九八八年四月には、衆議院・外務委員会で、社会党の岩垂寿喜男が南アフリカに対する日本の姿勢と「名誉白人」問題について発言している。これは、アパルトヘイトを題材にした映画『遠い夜明け』[34]が国会内で上映されるという、特別な時期に合わせたものだった。岩垂は、日本が対南アフリカ貿易高で世界第一位になったことに言及し、「これはもう率直に言って国際世論の理解を得ることは難しいと私は思うのです」等と問いつつ、在ヨハネスブルクの企業駐在員の発言を紹介している。

実は、私が申し上げるのもちょっと変ですけれども、南ア問題について日本のいろいろな人たちの、特に南アの関係というか南アに行かれた方々を含めて、御存じのように『スプリングボック』という会報が出ていますけれども、これだけでなしにいろいろな御発言を収録してみました。

その一は、ここ数年来、南アと日本との貿易は飛躍的に伸長し、それに伴い名誉白人は実質的白人になりつつある。最近は、多くの日本人が緑の芝生のある広々とした郊外の家に白人と親しみながら、そして日本人の地位が南ア白人一般の中において急速に向上していることはまことに喜ばしく、我々駐在日本人としても、この信頼にこたえるようさらに着実な歩みを続けたい。インド人は煮ても焼いても食えないこうかつさがあり、中国人はひっそり固まって住み、カラードは粗暴無知、黒人に至ってははしにも棒にもかからない済度しがたい蒙昧の徒という印象が強い。これは三井物産の社内報『三井海外ニュース』。これはその後廃刊になったようですけれども、ヨハネスブルグ駐在員がこういう文章を寄せている。

その二。アパルトヘイトはけしからぬが、泥棒にも三分の理と言われるように歴史的背景や立場の違いというものがあり、南アには南アなりの主張があるように思います。日本の外交も、国連追随主義ではなくて日本独自の南ア政策を考える時期じゃないですか。これはプレトリア日本領事館から帰国したばかりの前領事さん。これはちょっと古い話です。

それから、これは有名な石原慎太郎さん。アメリカでは黒人を使って能率が落ちている。黒人に一人一票やっても南アの行く先が混乱するだけだ、独立してもやっていけないということを、当時の日本・南ア友好議員連盟幹事長というお立場で石原慎太郎さんが発言をなさっていらっしゃる。

あるいはその四。黒人の政治的権利の付与も重要であるが、白人の巨大な経済権益の保護もそれに劣らず重要である。制裁措置とは逆に、西側諸国が一致して南アを助け建設的協力を行っていくことであり、また国内における変革を急激にではなく漸進的に実施していくことである。これは、南アの日本人会の月刊誌『スプリングボック』の、これも南アに駐在した領事の一文。いろいろございます。それ以上やめましょう。[35]

この社会党議員の質疑は、日本‐南アフリカの経済的なパートナーシップと「名誉白人」という地位、そして南アフリカに駐在する人びとのもつ差別主義的な冷淡さを紹介し、それらを地続きの問題とみなしている。

本節では、日本の報道や市民運動における「名誉白人」言説の系譜を跡づけた。南アフリカでは、一九七〇年代に入ると日本人に関する記事はほとんどみられなくなるが、日本では南アフリカ情勢が緊迫するにつれ、「名誉白人」への関心も高まっていた。

新聞報道の変遷を振り返れば、日本人の「名誉白人」待遇について、その呼称が生まれた当初はけっして批判一辺倒ではなかった。朝日新聞の記事でも、一九六〇年代には、日本人が「白人」エリアで暮らすことは人種隔離に風穴をあけるものとして肯定的に評価されている。しかし、一九七〇年代以降は批判的な論調に転じ、現地の日本人コミュニティさえ批判の対象となっていく。対南アフリカ貿易で日本が非難を集めた時期は、反アパルトヘイト運動の担い手たちやジャーナリストによる出版物も広く読まれたが、そこでは「名誉白人」という称号はアパルトヘイト政権との親和性の証として描かれた。

四　在ヨハネスブルク日本人コミュニティ内での受容

では、当時南アフリカに居住していた日本人たちは、アパルトヘイト体制下での彼ら自身の位置づけや「名誉白人」という呼称を、どのように理解していたのだろうか。ここからはインタビュー・データをもとに検討していく。

元駐在員のJE氏はこの語の由来について、日本人は日露戦争に勝利したために南アフリカから「名誉を与えられた」と語った。「そうそうあの、南アフリカの議会で誰か何とかいう人が演説したんですよ、日本人はロシアをやっつけたと、名誉を受けるべき民族だと、それでオナリー、オナー、オナードとか英語で言うたかあるいはオランダ語で言うたか知らんけどもね」。管見の限り南アフリカ議会でこのような発言は記録されていないが、ここで重要なのは発言内容の真偽ではなく、彼が「白人」エリアに居住していたことを説明する際に、「名誉」という語と日露戦争の歴史が関連づけられた点だろう。

「名誉白人」という概念を好意的に受容した人びとにとって、この呼称は南アフリカに対する好感や親しみを生む効果があった。たとえば、先述の静岡新聞の記事では、「人種差別の牙城といわれる南アで日本人がどこの一流コースでも大手を振ってプレーができ、最高級の白人住宅地域に堂々と居を構えている者が多いことは何たる皮肉であろう」と記され、アパルトヘイト体制への賛美ともとれる論調となっている。[36]

加えて、「名誉白人」という名を与えられたことにより、在南アフリカ日本人のなかには、「白人」社会の一員としての自負を抱く者も現れた。たとえば、一九八〇年代には日本人会の会報に、「南アフリカに非常事態が起きたら白人の側に立って戦うぐらいの気構えを日本人は持つべきだ」いう投稿があったという。[37]「訪問者」ゆえに寛容な処遇を受けていたにもかかわらず、この投稿者には南アフリカ市民としての自覚が喚起されたとみられる。

当時の「白人」エリアでの日本人の生活は必ずしも順風満帆ではなく、とりわけ一九七〇年代まではヨハネスブルクの日本人学校に対して地元の反対運動が起こるなど、さまざまな軋轢があったことが記録されている。にもかかわらず、当時の日本人コミュニティにおいて白人社会に対する好意的な感情が共有されており、あまつさえ一部では「アパルトヘイトは正しい政策です。これがなかったら、南アフリカはとっくに共産主義に侵略されていたでしょう」など人種政策を肯定する声さえ浮上したといわれるが、その背景には、日本人は「白人」社会から特別な評価が与えられているとの認識があったと考えられる。「人についての新しい分類方法を作るということは、われわれの自分自身のとらえ方、自尊心、そして過去の記憶のあり方さえも変えるということ」というハッキングの指摘通り、「名誉白人」という概念は、日本人コミュニティが経験した困難さえ割り引いてみえるほどに、眼前のリアリティを再構成したと考えられよう。[38]

こうした駐在員ネットワークをもとに一九七七年に生まれたのが、「スプリングボッククラブ」という親睦団体だった。その中心メンバーは、一九八四年の「日本・南アフリカ友好議員連盟」の発足に貢献するなどして、親南アフリカ的な言論活動を展開していく。[39] この議員連盟の中心人物であった石原慎太郎は一九八五年に南アフリカを訪問している。反アパルトヘイトの声が高まるなかでのこうした活動は、南アフリカの解放運動には冷淡でビジネスと「白人」社会との関係強化を優先するという「名誉白人」のイメージを形成していった。

五　概念と人びととの相互作用

ハッキングによれば、概念はそれによって分類された人間に影響を及ぼすが、分類された人間の実践もまた概念を変容させる[40]。本節では、これまでの議論を踏まえつつ、分類された日本人の言動がいかに「名誉白人」像を作り変えていったかを整理していく。

当初南アフリカで「名誉白人」概念が用いられた際には、「日本人に対する南アフリカの方針には前例がある。ナチス政権は一九三五年に日本人は『Honorary Aryans』であると発表した」と説明されていた。ここにはナチスと同盟関係にあった日本に対する揶揄も含んでいるものの、南アフリカをナチスになぞらえるなど、自国の人種政策への皮肉と両輪になっている[41]。その前後の記事や議会での質疑などから判断しても、この記事の意図は、科学を標榜する南アフリカの人種政策の非一貫性への批判にあったとみてよいだろう。

この語が日本に輸入されるのはそれから数年後のことだった。一九六四年の朝日新聞は、「日本人が白人待遇になったことが突破口となって、中国人が遠慮がちに、白人用ホテルやレストランに入りだした」として、日本人が白人待遇になったことで、アパルトヘイトによる隔離の壁が少しずつ崩されつつあると報じている。初めて「名誉白人」という訳語が登場したのは一九六七年である。この記事は見出しに「〝名誉白人〟日本人　工業・貿易に敬意　差別融和へ役割になう」と掲げ、日本人が名誉白人の待遇を受けることは、南アフリカの非白人に対してマイナスではないと主張する。「たとえ〝名誉白人〟にせよ同じ有色人種の日本人が白人並みの待遇を受けていること、この国の白人が作れないような高度の工業製品をどしどし送り込んでいることは、非白人たちにとって決してマイナスではないはずだ」。これらの記事からは、当時の日本の報道機関の側には、日本人が「白人」エリアに暮らすことに対する肯定的な展望が共有されていたことが読み取れる[42]。

その後、さまざまな記事によって、ヨハネスブルクの駐在員コミュニティの姿が報じられるようになる。そこで戯画的に描かれていたのは、南アフリカの白人社会に同化し、差別される者の痛みを一顧だにしないビジネスマンの姿だった。また、一部の元駐在員たちも「日本・南アフリカ友好議員連盟」に参画するなど、日本国内での親南アフリカ的な活動を活性化させていく。反アパルトヘイト運動が成長を遂げるなか、「名誉白人」とカテゴリー化された人びとの変容が可視化されたことにより、「名誉白人」という語は日本にさらに広く浸透していった。

一九八〇年代、日本が対南アフリカ貿易高世界一を記録する頃には、「名誉白人」はアパルトヘイト支持者とほぼ同義で用いられるようになっていた。一九八六年九月南アフリカのボタ大統領が非公式に日本を訪問した際の記事によれば、日本の反アパルトヘイト運動団体は、「ボタ、我々は名誉白人ではない、アパルトヘイトに反対するアジア人だ」というメッセージを掲げていた。また一九八八年に日本の反アパルトヘイト運動の有志が『サンデー・スター』紙に意見広告を出した際にも、「われわれは『名誉白人』という不名誉な称号を拒否する」と宣言されていた。[43]

南アフリカで生まれた「名誉白人」像は、そう名指された人びとの変容を媒介として当初の文脈を離れ、人種政策に翻弄されながらも隔離体制に突破口をもたらしうる外国人から、アパルトヘイト体制の共犯者へと転換していったのである。

六　中華系住民の越境

六‐一　対置される中華系住民

「名誉白人」をめぐって、南アフリカの中華系住民は常に日本人と対比的に描かれてきた。たとえば、図5‐4では、「Great Wall of S.A. China」との見出しのもと、万里の長城らしき壁の左側には「WHITE」の看板とスーツ姿の日本人男性、右側には「NON-WHITE」の看板と中華系住民の集団が描かれている。[44] 本節では、常に日本人と対置された中華系住民が、「名誉白人」概念をいかに理解し、またその概念によって彼らと隔離政策との関係はいかに変容したのかを検討する。

図 5-4　Great Wall of S.A. China（Rand Daily Mail, 28 November 1961）

中華系のインタビュー協力者の多くは、筆者のインタビューに対し、当時の中華系住民が味わった屈辱や混乱について語った。たとえばCAさんは、彼の叔父が経験した出来事を次のように語っている。

叔父のひとりが話をしてくれたんですが、この出来事のあとに彼はカナダに移住しており、このことが大きな理由のひとつなんです。彼はアパルトヘイト時代に育ち、公認会計士でした。あるとき公認会計士としてオレンジ自由州を訪問し、いくつかの企業の監査をするため、地元のホテルに泊まろうとしました。そこでホテルから、「失礼ですが、あなたは日本人ですか、中華系ですか」と尋ねられ、「中華系です」と答えると、申し訳ないがお帰りくださいと言われたというんです。彼がその理由と問うと、日本人であれば問題ないのだが、中華系はそうではないと。結局、彼はホテルに宿泊できませんでした。そのようなことがあって、叔父は、日本人ではなく南アフリカ政府に対して、敵意を抱かざるを得なくなったんです（ＣＡさん）。

二世のＣＣさんは、日本製の腕時計や車を購入することさえ拒みつづけた義父との思い出を語りつつ、日本人より劣位に置かれていたときの複雑な心境を語った。

　亡くなった義父も、長いあいだ、日本の腕時計を持つことを拒み、強い反感を抱いていました。当時、セイコーの時計以上に信頼できる腕時計はなかったのに。彼は日本車も買わなかった。彼はフォードを買い、プジョーを買って、日本車を買うことを拒否していました（ＣＣさん）。

ＣＢさんは、一九七〇年代後半にイベントのアトラクションとして日本の茶道体験を企画し、日本航空の女性職員を招いたところ、親世代から大きな怒りを買ったという。日本人と「名誉白人」待遇に関する報道は、中華系住民の心をかき乱した。

また、日本人のインタビュー協力者のなかでも、ＪＯさんは日本人と中華系住民とのコントラストを強く意識していたという。ＪＯさんは、外務省に勤務する父に帯同して南アフリカで暮らしたが、「白人」に囲まれた生活のなかで、「I am not Chinese」というフレーズを繰り返し口にしていたと振り返る。

僕たちはいっつもチャイニーズに間違われてるんじゃないかと思って、「I am not Chinese」と言ってた。ここが不思議なんだよね。「I am Japanese」とは言わないんだよね。俺言ってたの、「I am not Chinese」って。

あるとき、ロンドンから朝日新聞の記者が来たんですよ。当時支局なんかないわけ、六〇年代に日本の新聞社も通信社も、今はみんな持ってますけど。それでロンドンから年にいっぺんぐらい来るわけ。半分遊びに。有馬っていう記者なんですけど、うちに来たんです。で、父と話してるんですよ。「おまえらも聞いとけ」っていわれて。

その人が（南アフリカに）初めて来て、レストラン入ろうとしてたじろいだと。「I am Japanese」とか「I am not Chinese」と言えば入れてくれるの分かってる。そう教えられている。僕らがそう教わってるように。ただ、言えなかったって、「I am not Chinese」って。その有馬さんが言うわけ。僕たちはそれを聞いて感動したというか、恥じ入ったというか。今まで自分たちは言ってたんだから、そのことを。でも、その有馬さんは「僕、言えなかったんですよね」って（ＪＯさん）。

二つの集団を対置させるような理解は、現在も広く共有されている。以下は南アフリカで活躍する中華系ジャーナリストの発言だが、そこではアパルトヘイト期の中華系コミュニティと日本人との差異が強調されている。

中国人の立場が複雑なのは、歴史的にまったく異なる地位に置かれた日本人の存在によるものだ。一九五八年から一九六一年にかけて日本と南アフリカの貿易額が五倍になったことで、プレトリアの東京に対する態度が緩和され、完全な外交関係が結ばれた。その結果、日本人は「名誉白人」の地位を与えられた[45]。

この（中華系）コミュニティに関する誤解として、彼らは名誉白人としての地位を与えられたというものがある[46]。

これらのことから、南アフリカの中華系住民と日本人との双方のあいだで、一九六〇年代の風刺画で描かれてきたような理解が根を下ろしていたことがわかる。

六−二　中華系住民の「名誉白人化」

しかしながら、実際には、日本人との外見的な近縁性ゆえに、アパルトヘイト後期には彼らは「名誉白人」に限りなく近づいていくことになる。たとえば、プレトリア市でのバス乗車拒否事件では、市の運輸局が謝罪するという出来事が報道されたが、それをきっかけに明らかになったのは、このバスの運転手は「地元の中華系住民（local Chinese）」と「日本人と中国人の訪問者（Japanese and Chinese visitors）」を瞬時に判別して、後者のみ乗車させるという難題を課されていたということだった。この運転手には同情が集まり、最終的には、中華系住民（local Chinese）の乗車もすべて許可されるという結末に至った[47]。

筆者のインタビューのなかでも、当時の中華系住民は日本人を装って「白人」専用の施設を利用していたという語りが散見された。プレトリア在住のCGさんは次のように説明する。

日本人が（中華系住民より）良い地位を与えられて、中華系住民は腹を立てたけれど、同時に、（南アフリカ人には）それを見分けることができないから、遠回しにその恩恵を受けていたんです。たとえばあなたがレストランの客だったとして、店の人はあなたを見ながら「彼女は中華系かしら、日本人かしら」と判断に迷うでしょう。日本人だったらとどまることができるし、中華系だったらそうはいかない。でも、あなたが静かにしていて、問題を起こさないなら、とりあえずお茶くらい飲ませようとなるでしょう。そうやって、黙っていれば得をするということに気がついたんです。

なかには、日本人のふりをすることは、店主にとっても都合がいいんだと言っている人もいました。店主は、中華系か日本人かを最初から尋ねないんですね。何かあったときに「日本人だとばかり思っていまして」と言い逃れをするために。そんなことがあちこちでありました。レストランの店主だってせっかくの客を失いたくないんだから、彼らも黙っているし、尋ねない。私も勇気があればそうやって日本人のふりをしてここに座ったかもしれない。そういう仕組みだったと思いますよ（CGさん）。

この語りによれば、日本人を装ってレストランを利用する中華系住民と、あえて騙されたふりをして客を獲得しようとするレストラン店主との阿吽の呼吸により、日常のさまざまな場面においてパッシングが可能になっていたと考えられる。

同様に、南アフリカの中華系コミュニティの変容について研究を行ってきたユン・パークも、アパルトヘイト期の中華系住民が、いかに日本人の「権利」を利用していたのかを描写している。パークは、中華系の男性（インタビュー当時六〇代）の次のような言葉を引用する。

日本人は南アフリカと貿易をしていて、南アフリカからたっぷり買っていた。取引をしていたら、何でも買えますからね、日本人は「名誉白人」として扱われていました。それで、中華系住民は日本人と似ているから、映画館の入り口で「中華系お断り」と言われたとしても、「中華系じゃない。日本人だ」と答えたら、彼らは入れてくれるんです。中華系であっても日本人に見えるなら、入れてやればいいという態度だったと思います。日本人が南アフリカとビジネスを始めてから、台湾人も入ってきて、貿易の関係で彼らがわれわれに施設を使わせてくれる理由が増えたんです。[48]

こうして多くの「白人」専用施設はなし崩し的に中華系住民を受け入れるようになり、一部の人種的境界を無効化させていった。中華系住民は一九七〇年代には近隣住民の合意を得ることを条件に「白人」エリアに土地を購入することが可能になり、一九八五年には正式に土地所有が可能になった。Human Science Research Council の調査によれば、一九七〇年代の後半にはほとんどの「白人」たちが、中華系住民を「白人」に近い存在と認識していた。[49]

七　小括

本章では、アパルトヘイト期に南アフリカに居住していた日本人の位置の変遷と、「名誉白人」という概念との関係を検討してきた。「名誉白人」概念をめぐっては、以下の三点を指摘することができる。

第一に、一九六二年五月に内務大臣は「これは従来の諸政権の下で、長年にわたって行われてきた慣行――日本人は白人と同様にしていろいろな場所への出入りを認められてきた――を確認したものにすぎない」と答弁している。このことから、日本人の処遇をめぐっては、一九三〇年の紳士協約以来の慣行がアパルトヘイト政権下でも共有されていたと推測される。アパルトヘイト期の「名誉白人」は、一九世紀後半からのグローバルなアジア人の移動や移民規制の落とし子だったといってよいだろう。

第二に、「名誉白人」という呼称は、そう名指された人びとの自己認識に影響を与え、南アフリカに対する友情や親近感など肯定的な感情を生んだ。さらに、駐在員らが帰国後に親南アフリカ的な活動を展開したり、あるいは南アフリカの日本人コミュニティが批判的に報道されたりしたことにより、人種主義国家に積極的に加担する「名誉白人」像が形成されていった。「名誉白人」という法的地位や人種カテゴリーは存在しないが、この概念はヨハネスブルクに居住する日本人たちがアパルトヘイトを経験する仕方に影響を与え、それを通して「名誉白人」を自己成就的に現実化していった。こうして「名誉白人」は社会的リアリティを獲得し、南アフリカの人種的秩序に新しい中間項をもたらした。

第三に、「名誉白人」概念は、誕生のときから中華系住民と深い関わりがあった。プレトリア市のバスや市営プールに関する事件が示唆するように、一九六〇年代初頭には、アジア系住民の位置づけは依然として曖昧だった。内務大臣の答弁を引き出したのはソン氏の問題提起であり、彼の申請がなければ「名誉白人」という呼称も発明されなかったかもしれない。

中華系住民の側も、新聞報道等で繰り返し「名誉白人ではない」として引き合いに出され、それに不快感を募らせる人びともいたが、実際には日本人と中華系住民との関係は報道が描いたほど対極的なものではなかった。中華系住民なかには、南アフリカ人には日本人と中華系とが見分けられないことを利用して、「白人」専用施設を利用するなど、徐々に生活圏の拡大を試みる人びとも現れた。「名誉白人」概念の誕生は、意図せざる結果として、中華系住民の人種的越境を後押しし、それを通して南アフリカの人種的秩序の一部を侵食する役割を果たした。ただし、「名誉白人」概念や彼らの実践は、隔離政策を弱体化させるほどの効果はなく、まして南アフリカの数的多数派であるアフリカ人の人びとの解放にはつながらなかったことも付け加えておく。

【注】

［1］*The New York Times*, 19 September 1986.

［2］Osada 2002, Hacking 1995＝1998. 一九七三年、七四年に『月刊アフリカ』に掲載されたジェラー論文、岩本論文は、一九六一年に日本人が「白人」に分類されたという説に対して慎重な姿勢を示している。ただし、媒体の性格ゆえか、ほとんど光が当たることはなかった。ジェラー 1973a, 1973b, 1973c, 岩本 1974a, 1974b.

［3］Molina, HoSang, & Gutiérrez 2019 など。日本では南川文里（2007）が、フレデリック・バースやピエール・ブルデューに言及しながら、人種・エスニシティを関係論的アプローチから検討することの必要を指摘している。

［4］ソン氏については、Kawasaki（2001）にも詳述されている。

［5］Debates of the House of Assembly, 1961 : 4532, 日経新聞一九六一年四月一五日、Debates of the House of Assembly, 15 May to 19 May, 1961 : 6596.

［6］*The Star*, 31 January 1962, The Star, 12–13 February 1962.

［7］*The Star*, 8 February 1962.

［8］*The Star*, 17 March 1962.

［9］*Die Burger*, 3 February 1962.

［10］Debates of the House of Assembly, 19 January to 23 June, 1962 : 4539.

［11］Debates of the House of Assembly, 19 January to 23 June 1962 : 4768–4771. なお、南アフリカは一九五一年九月八日にサンフランシスコ平和条約に署名したが、同条約第七条の規定では、「各連合国は、自国と日本国との間にこの条約が効力を生じた後一年以内に、日本国との戦前のいずれの二国間の条約または協約を引き続いて有効としまたは復活させることを希望するかを日本国に通告するものとする」とあり、このとき南アフリカは日本との紳士協約を再度有効とするか否かについて選択を行ったということになる。外務省告示第一〇六号

（一九五三年一〇月一〇日）によれば、日本国と南アフリカ連邦間の戦前の条約は、昭和二八年五月一九日外務省告示第三二号に掲げられた条約を除き、昭和二八年九月一〇日に廃棄されたものとみなされることが確定したという。この外務省告示第三二号とは、日本とイギリスとの間の船舶積量測度証書互認に関する協定・交換公文を指す。したがって一九三〇年の紳士協約はこのとき破棄され、少なくとも法的には日本人の処遇をめぐる合意は白紙に戻ったとみてよいだろう。

[12] Senate of the Republic of South Africa, Debates,?19 January to 23 June1962 : 3792.
[13] Senate of the Republic of South Africa, Debates, 19 January to 23 June 1962 : 3834.
[14] Senate of the Republic of South Africa, Debates, 19 January to 23 June 1962 : 3892-3893.
[15]『朝日新聞』一九五三年八月一九日。
[16]『日経新聞』一九六一年四月一五日、『朝日新聞』一九六一年五月二七日。
[17] ジェラー 1973b : 33.
[18]『朝日新聞』一九六六年四月二七日。
[19]『朝日新聞』一九六四年九月九日。
[20]『朝日新聞』一九六七年六月一日。
[21]『朝日新聞』一九七〇年七月一三日。
[22]『朝日新聞』一九七〇年七月一四日。
[23]『毎日新聞』一九七四年五月一八日。
[24]『朝日新聞』一九七八年六月一九日。
[25]『静岡新聞』一九八一年三月九日。
[26]『朝日新聞』一九八四年一〇月一八日、『朝日新聞』一九八五年四月二三日。
[27] *The Sunday Star*, 10 April 1988.

[28]『朝日新聞』一九八五年九月一一日、*The New York Times*, 5 September 1986.
[29]『朝日新聞』一九八八年七月五日。
[30]『読売新聞』一九九四年五月二日。
[31] 野間 1969, 野間 1969 : 236, 野間 1969 : 1.
[32] アフリカ行動委員会、vol. 24, 一九八四年三月二一日。
[33] 楠原 1988, 森川 1988, 森川 1988 : 257, 勝俣 1988 : 157.
[34] リチャード・アッテンボロー監督、一九八七年。デンゼル・ワシントンが解放運動の若きリーダー、スティーブ・ビコを演じた。
[35] 第一一二回国会 外務委員会、一九八八年四月一三日。
[36]『静岡新聞』一九八一年三月九日。
[37] 伊高 1985 : 255.
[38]『朝日新聞』一九七〇年七月一四日、松本 1989 : 211, Hacking 1994 : 369.
[39] 日本・南アフリカ友好議員連盟や親睦団体「スプリングボッククラブ」については、楠原彰が批判的に紹介している（楠原 1988）。
[40] Hacking 1995, 酒井・浦野・前田・中村編 2009.
[41] *The Star*, 8 February 1962.
[42]『朝日新聞』一九六四年九月九日、『朝日新聞』一九六七年六月一日。
[43] *The New York Times*, 5 September 1986, *The Sunday Star*, 10 April 1988.
[44] *Rand Daily Mail*, 28 November 1961.
[45] Accone, *The Sunday Times*, 27 January, 2008. Accone の著書に *All Under Heaven: The Story of a Chinese family in South Africa*（2004）がある。

[46] Ho, *The Star*, 6 October, 2008. Ho の著書に *Paper Sons and Daughters: Growing up Chinese in South Africa*（2012）がある。

[47] *The Star*, 12-13 February 1962, *Rand Daily Mail*, 13 February 1962, *Sunday Express*, 18 February 1962.

[48] Park 2008 : 42. パークはウィットワータースラント大学で博士号を取得、現在は Chinese in Africa/Africans in China Research Network の代表を務めている。

[49] Smedley 1978, cited in Park 2008 : 45-46.

終章 「名誉白人」からガンディー論争を再考する

一 各章の振り返りと人種主義研究における意義

本節では、各章の検討を通して得られた知見を確認していく。

序章では、ガンディー像の撤去を要求する運動の拡大とそれをめぐる論争を手がかりに、人種主義研究の一環として南アフリカのアジア系住民、とりわけかつて「名誉白人」と呼ばれたこともある日本人の位置の変遷に注目する意義を確認した。

南アフリカとアジア人との遭遇をもたらしたのは、一九世紀中葉からのアジア人の移動の活性化である。この時期には、アジア発の巨大な人流に対する反作用から各受入地で移民規制が導入されるなど、国家と国境と人との関係を根本的に刷新するような変化が生じた。アフリカ大陸の南端にも、インド・中国からの移民が到来し、世紀末には彼らに対する規制と管理が始まった。

南アフリカ連邦成立時から現在に至るまで、この国においてアジア系住民は総人口の二〜三パーセントを占めるにすぎない少数者であり、学術研究においてもアジア系住民への関心は低調だった。しかし近年では、アジアからの移民の到来が国境の成立やナショナル・アイデンティティの形成に与えたインパクトを見直し、彼らを管理するための実践が不平等ながらも統一的な国民像の塑形を加速させたことや、それらが南アフリカ社会の人種的秩序の再編と深く結びついたことを指摘するような研究も生まれている。

アパルトヘイト期に日本人に付与されたといわれる「名誉白人」待遇については、一九八〇年代までは、国際社会から孤立していた南アフリカとそれに接近していった日本との友情の産物、ないし日本人だけに付与された南アフリカ政府からの返礼として理解されてきた。ポスト・アパルトヘイト期の研究により、それらの多くが神話であったことが明らかになったものの、人種主義研究の立場から検討すべき課題はまだ残されている。「名誉白人」という概念を他集団とのあいだで競合しあいながら彫琢された人種カテゴリーとして捉え直したうえで、アジア系住民のエイジェンシーがどのように作用したのかを検討する必要があることを提示した。

第一章「先行研究と調査の概要」では、人種主義研究の立場から南アフリカにおける日本人を論じるにあたり、本研究が踏まえる先行研究を整理した。

人種主義研究では、一九世紀半ばからのアジア人の移動とグローバルな白人意識に関する研究が重ねられ、トランスナショナル空間における人種編成への注目も高まっている。ただし、従来型の研究においては、目的地への上陸・定着後の待遇改善や人種カテゴリーの移動といった変化が見過ごされ、また地位向上を目指す彼らの実践がときに「土着」の人びとへの抑圧となるという両義性が軽視されやすいという制約を含んでいることを指摘した。また、植民地空間におけるアジア系住民の中間性、そして「強いられたコスモポリタニズム」を体現したアジア系の移民たちの現地社会との関わり方などについても、先行研究の検討を行った。それらを踏まえて、本研究の射程や調査の概要も示した。

第二章「アジア系移民の到来と移民規制」では、先行研究を利用して、一九一三年に南アフリカ初の統一的な移民規制法が成立するまでの前史を概観した。インドからの移民を抑制するためにナタールで導入された識字テストは、上陸希望者を質と量の両側面からコントロールする役割を果たしていたが、それは人種に関わる境界を整序するとともに、複雑化することにもつながっていた。移民規制法成立時、南アフリカ側の念頭にあった「望ましくない移民」に日本人は含まれていなかったと考えられるが、内務大臣によりすべてのアジア系が「禁止移民」に指定されたことで日本人も規制の対象となった。日本の外務省が清水八百一を南アフリカに派遣したのが一九一六年、初の公館を開設したのが一九一八年であり、移民規制法への対応が喫緊の課題と考えられていたことがうかがわれる。また、日本側のアクターを検討するうえでは、彼らが人種的な境界に翻弄されつつも、その複雑さをいかに利用したのかについても留意する必要があることを示した。

第三章「名誉と排日」では、南アフリカと日本人との初期の遭遇と移民規制、一九三〇年に南アフリカと日本とのあいだで交わされた紳士協約の成立経緯に注目した。

二〇世紀初頭の日本は、南アフリカにとってはインドや中国と同様に安価な労働力の供給源のひとつだったが、実際に南アフリカを目指した日本人は、商人や日本企業から送られた派遣員や駐在員など、ほとんどが比較的高い教育を受けた人びとだった。一九一三年の移民規制法の成立により、日本人も「禁止移民」に含まれたことから、日本の外務省が積極的な交渉を開始、一九三〇年の紳士協約によって日本人は事実上「アジア系」というカテゴリーから外れ、「ヨーロッパ系」への「昇格」を果たす。こうした日本側からの交渉の際には、在ケープタウン日本領事の今井忠直が「日本人種《ジャパニーズ・レース》」という表現の挿入に固執していたエピソードが示すように、南アフリカ当局との交渉に臨みながらアメリカ西海岸で差別的待遇を受けている日系人の存在が常に意識されていた。

紳士協約は、一方の南アフリカにとっては、労働移民を排し教育を受けた移民のみを受け入れるという点で識字テストを用いた選抜法の延長線上にあり、他方の日本にとっても、すでに環太平洋の諸地域と交わした合意の再現であることから、この紳士協約はどちらの国にとっても大きな譲歩ではなかった。

それらをもとに、本章では、アジア人の移動を梃子に生起した受入地の連携や相互参照といった連なりを浮かび上がらせ、南アフリカの政策的判断と日本側からの交渉の双方が、労働移民の時代に形成されたグローバルなカラーラインの影響下にあったことを明らかにした。また、日本からの移民船に関する日本領事館の反応を検討しながら、差別的待遇に怒りを表明していたはずの日本側の申し立てが、南アフリカ社会に対する同調と批判性の喪失へと帰結したことも示した。

第四章「『泡』のなかから覗いたアパルトヘイト」では、アパルトヘイト体制下の南アフリカに居住していた日本人について、彼らがどのように人種隔離を経験し、それに対処していたのかを検討した。「非‐白人」の上陸が規制されていたこの時期、日本人は一〇世紀初頭から後半まで一貫して南アフリカの扉を叩き続けた唯一のアジア人だった。また、企業駐在員を中心とするコミュニティは、現地社会に「エクスパトリエイトの泡」を形成し、その内側に自閉して暮らすといわれる。本章では、そのような「泡」の存在やそれが果たした役割にも光を当てた。

当時の日本人コミュニティはほとんどが企業駐在員とその帯同家族から構成される駐在員コミュニティだった。アパルトヘイト期の厳格な人種隔離体制のもと、南アフリカでは外交やビジネスのために限られた年限のみ居住する外国人は、「白人」エリアでの生活を許可されており、企業駐在員を中心とする日本人コミュニティもそのエリア内に築かれた。ただし、原則的に土地所有も永住権取得も許されず、南アフリカ社会のなかに「間借り」するような状態だった。

数年間の滞在を大過なく過ごすことを目指す彼らは、南アフリカでの生活をおおむね享受していた。同時に、万が一「白人」社会との関係が悪化すればその特権を剥奪されるという恐れと背中合わせであり、ときには既存の秩序に抵抗するアフリカ人への蔑視を肥大化させる者もいるなど、制約や問題も少なくなかった。しかし、多くの家庭で雇用していた家事労働者の「メイド」は、ときにはアパルトヘイト体制下のアフリカ人の暮らしを垣間みる窓の役割を果たした。そこには、ささやかではあるが日常的な反人種主義的実践を見出すこともできる。

第五章「人種概念としての『名誉白人』」では、アパルトヘイト期の日本人の位置と経験について、「名誉白人」という呼称の誕生とその概念が果たした役割に注目しながら検討した。「名誉白人」という呼称は、一九六〇年代に南アフリカの報道機関が記事で用いた造語だが、そう名指された人びとの自己認識に影響を与え、南アフリカに対する友情や親近感といった肯定的な感情を生んだ可能性があること、また企業駐在員らが帰国後に親南アフリカ的な活動を展開したり、あるいは南アフリカの日本人コミュニティが批判的に報道されたりすることにより、アパルトヘイト体制の受益者としての「名誉白人」像が形成されていったことなどを示した。法的なレベルにおいて「名誉白人」という地位は存在しなかったが、日本人はそれを自己成就的に現実化していったといえる。

「名誉白人」の誕生は、当初から中華系住民の存在と深く結びついていた。南アフリカ議会で内務大臣が日本人の待遇に言及したのは、人口登録法に関する中華系住民の再分類申請をめぐる議論の一環であり、「名誉白人」という語が初めて使用された新聞記事でも、日本人女性と中華系女性の写真が並べられていた。また、中華系住民は繰り返し「非 - 名誉白人」として名指されながらも、次第に人種的越境への道が拓かれ、一部の境界線を無効化することにもつながった。

「名誉白人」という新しいカテゴリーの誕生は、中華系住民が人種隔離体制を経験する仕方をも変えたといえる。両者の関係は従来考えられていた以上に不即不離であり、人種編成をめぐる関係論的アプローチの必要を強く印象づける結果となった。

二　アフリカ－アジア関係研究の課題

これらを踏まえ、アフリカ－アジア関係研究としての意義を確認したい。

少数者による多数者の支配という脆弱さと不安定さを根源的な課題として内包していた南アフリカでは、緩衝的な位置づけである中間層が統治の安定化の道具として利用されるような余地を生んだ。また多数者に対する徹底した抑圧によって生じた巨大な経済的空洞は、中間的な人びとに利益をもたらすことになった。このような状況は、とりわけ「文明化」されたエリートのアジア系住民には社会的上昇を期待させるものだった。

同時に、アジア系の人びとは、それぞれに高い文明性を自負していた。「文明」という概念の利用は、ヨーロッパ人を進化の頂点とする人種主義の枠組みを逆手に取りつつも、それ自体が「野蛮」の存在を前提とする序列化のロジックでもある。ヨーロッパ人を頂点とする人種主義的序列に抗しながらもそれに同調するものであり、他の「非－白人」と共有可能な基盤を空洞化する危うさを孕んでいた。

ガンディーの話題に戻れば、当時、ナタールの郵便局はヨーロッパ系専用の窓口と「原住民(Natives)」専用の窓口とに分かれていたが、ガンディーは仲間とともに当局と交渉することで、アジア系専用の窓口を開設させることに成功した。これは、「白」でもなく「黒」でもない「アジア系」という新たなカテゴリーを明示させたこと、それによってより劣位に置かれている人びとと彼ら自身を切り離そうとしたという点で、日本が南アフリカに対して行ってきた交渉とも重なる。先述の通り、一九三〇年に交わされた紳士協約は、日本人を禁止移民＝アジア系のカテゴリーから除外するものだった。また、「名誉白人」という名称は、南アフリカの報道機関による造語であり、日本人自身が要求したものではないものの、それを手に入れることによって、日本人とアパルトヘイト体制との関係は大きく変化した。一九八〇年代に反アパルトヘイト闘争との連帯を目指す人びとによって日本人が批判され、いままたアフリカにおいて南アフリカ時代のガンディーに対する眼差しが厳しくなっているのも、それらに起因しているといってよいだろう。

両者のあいだには、階級やコスモポリタン性といった共通点を見出すこともできる。ナタールには、インドからやってきた年季契約労働者や、契約終了後ナタールに定着した人びとが多数暮らしていた。ナタールの郊外ではインド系の労働者とアフリカ人とが混住しており、それらの地域のインド系住民はアフリカの言語を流暢に操り、アフリカ人と交際・通婚していた。しかし、イギリス式の生活様式を身につけたガンディーは、最初の一時期を除けばインド系の集住地域に暮らしておらず、その意味において階級的な制約から自由ではなかったといえる。さらに、自身の運動を展開するにあたってアフリカ人と連帯しなかった理由を問われたガンディーは、南アフリカにおいてアフリカ人は「土の子たち」「土の息子たち」だと答えている（第一章注［30］参照）。つまり、アフリカに暮らすインド系住民はこの大地に根を下ろしてはいないので――ガンディーが率いた人びとのなかには、南アフリカに生まれ、インドに移住する予定のない人びとが含まれていたにもかかわらず――アフリカ人とは立場が異なるという説明である。

ヨハネスブルクやプレトリアの限られたエリア内に暮らしていた企業駐在員も、意識的か無意識的かにかかわらず、ホスト社会に対してそのような線引きをする傾向にあった。彼らは「泡」に包まれた特権的な暮らしゆえに、アフリカ人との関係を深める機会を持たず、人種隔離体制下での彼らの曖昧な位置や他集団との葛藤についても、南アフリカ側の問題として切り離すことさえあった。ホスト社会とのこうした距離や刹那的な構えについては、ジンメルが大都市における精神生活の特徴として描いたような、倦怠や無関心、冷淡さを見て取ることもできる。

本書では、「労働移民の時代」を、バンドン会議等に先立ってアフリカ人とアジア人とが初めての出会いを果たした時代として再定位した。併せて、南アフリカ時代のガンディーが見せた未熟さと「名誉白人」問題を、ともにアジア人の移動と白人性との衝突がもたらした鬼子として描くことを試みた。ガンディー史の再審とその銅像をめぐる近年の論争は、あらためてアフリカとアジアの関係、すなわちグローバル・サウスにおけるトランスナショナルかつトランスリージョナルな連なりが、アフリカ－アジア関係研究においても重要な課題であることを浮き彫りにした。ヨーロッパによるアフリカ支配の極北とされてきた南アフリカの人種主義研究においても、今後はアジアから到来した人びとやその子孫たちの実践にいっそうの関心が注がれることになるだろう。

あとがき

以前、アフリカ大陸の最南端に立ったことがある。アフリカの南端というと喜望峰が思い浮かぶかもしれないが、最南端はそこから東へ約二五〇キロメートルに位置する、ケープアガラスという地である。ケープタウン大学大学院に留学中、イースターの休暇を利用して友人たちと足を伸ばした。

風は強いがよく晴れていた。横からの海風にあおられながらアガラス岬の突端までたどりつくと、眼前の海はまるで塗り分けられたように二色に割れていた。右手は深い群青色、左手はエメラルドグリーン。大西洋の寒流（ベンゲラ海流）とインド洋の暖流（アガラス海流）という二つの潮境がこの最南端で溶け合っていた。

この光景は、南アフリカ研究を志していた私に、南アフリカの半分はアジアの方を向いているということを教えてくれたように思う。ヨーロッパとアフリカとの葛藤として描かれてきた南アフリカの人種主義を、アジアの側から眺めれば何が見えるのか。本書の関心も、その延長線上にある。

本書は、二〇二〇年三月に京都大学大学院文学研究科に提出した課程博士論文を、大幅に書き改めたものである。当初は第六章として中華系とインド系住民による人種的共同性の試みについて執筆することを計画していたが、新型コロナウイルス感染症により南アフリカでの追加調査を二年にわたって見送ることとなり、今回はこの章を断念した。遠からず南アフリカ調査を再開できると信じて、準備を進めておきたい。

本研究は、インタビュー調査に応じてくださった方々との出会いがなければ成立しなかった。調査の背景については第一章でも詳述したが、センシティヴな内容であるにもかかわらず、私の依頼に対して多くの方々が理解を示してくださった。文字起こしを振り返ると、無知な自分がずいぶん不躾な質問をしていて驚くこともあった。数々の非礼をお詫びするとともに、あらためて心からの敬意と感謝を捧げたい。

次に、大学院時代に自由な研究環境を与えてくださった社会学専修の松田素二先生、落合恵美子先生、田中紀行先生、太郎丸博先生、伊藤公雄先生に、心より御礼を申し上げたい。とりわけ博士論文の主査である松田先生の底なしの寛容さがなければ、そして松田ゼミという温かな居場所がなければ、単著の出版どころか博士課程を修了することも叶わなかっただろう。副査の落合先生は、いつも惜しみない励ましの言葉で私の背中を押してくださった。また、永原陽子先生に副査を引き受けていただいたおかげで、最後まで自分を鼓舞しつづけることができた。レイトスターターの私を常に厚い友情で包んでくれた社会学専修の先輩や同輩、教務補佐の松居和子さん、池本翔子さん、長谷川直子さんの存在とあわせて、本当に幸運な出会いだったと思う。

論文の一部は南アフリカ・ケープタウン大学（University of Cape Town）に提出した修士論文をもとにしている。アパルトヘイト期の駐在員コミュニティや中華系コミュニティに関する調査については、修士課程時代にご指導いただいた Ken Jubber 先生や、Chinese in Africa/Africans in China Research Network の代表の Yoon Park 先生、さらに南アフリカでの調査にあたってご支援くださった津山直子さん、福島康真さんに多くを負っている。

三年間にわたるＰＤの期間は、津田塾大学の丸山淳子先生に受け入れていただいた。数多くのアフリカ研究者を輩出してきた素晴らしい環境で、調査と論文執筆に専念することができた。また、二〇二〇年四月に日本大学文理学部に助手として着任してからの二年間には、学科・大学院運営について学びつつ、知的な刺激に満ちた環境で本書の執筆を進めることができた。助手の度重なるわがままを聞き入れてくださった菅野剛先生、山北輝裕先生をはじめとする社会学科の先生方、本書の出版を後押ししてくださった好井裕明先生、元助手の梅村麦生さん、事務室職員の皆様にも心よりの感謝をお伝えしたい。

各方面からの寛大なご支援がなければ、アフリカでの調査研究は実現しなかった。本研究は、トヨタ財団（個人研究助成）、京都大学大航海プログラム京都エラスムス計画（国際研究機関派遣）、京都大学アジア研究教育ユニット（国際研究集会派遣）、澁澤民族学振興基金（大学院生等に対する研究活動助成）、日本学術振興会科学研究費助成事業基盤研究（Ｓ）アフリカの潜在力を活用した紛争解決と共生の実現に関する総合的地域研究、「アフリカ潜在力」と現代世界の困難の克服（海外出張）、さらに日本学術振興会より特別研究員奨励費（ＰＤ）、科学研究費助成事業（研究活動スタート支援）からもご支援を賜っている。

本書の刊行にあたっては、京都大学全学経費・若手研究者出版助成事業、ならびに京都大学大学院文学研究科の「卓越した課程博士論文の出版助成制度」より助成をいただいている。本企画を実現に導いてくださった新曜社の塩浦暲社長は、原稿の完成が遅れに遅れて大変なご迷惑をおかけしたにもかかわらず、校正の最終段階まで伴走してくださった。あらためてお詫びと御礼を申し上げたい。言うまでもなく、本書にあるすべての誤りと稚拙さはすべて著者の責任である。各方面からのご批判とご教示をお願いする次第である。

私とアフリカとの縁を結んでくれたのは、母方の親戚である大林家の皆さんである。初めての旅は、コートジボワールのアビジャンに入り、マリのバマコに飛んで、そこから陸路でジェンネ、ドゴンなどを訪問するというものだった。西アフリカでの一ヶ月間がなければ、研究の道に進むこともなかったはずだ。あのとき誘ってくれた皆さん、本当にありがとう。

最後に、紆余曲折の多い娘をいつも気長に見守ってくれた両親に感謝を伝えたい。

山本　めゆ

索　引

■あ行

青木澄夫　90-91
アジア・アフリカ会議（バンドン会議）　16, 215, 217
アジア・アフリカ研究所　17
アジア・アフリカ人民連帯会議　17
アジア人部局　77-78
アッテンボロー，リチャード（Attenborough, Richard）　4, 205
アデム，セイフディン（Adem, Seifudein）　17
アフリカ開発会議（TICAD）　16
アフリカ行動委員会　185-186
アフリカ問題懇話会　17
アミン，イディ（Amin, Idi）　60
アラセ，ディヴィッド（Arase, David）　17
アーレント，ハンナ（Arendt, Hannah）　16
アングロ・ズールー戦争　67
暗黒法　63, 78-80
イギリス系入植者植民地　37
石川達三　108
石原慎太郎　188, 191
伊高浩昭　120, 122
伊藤正孝　179-180
井上年弘　135, 137, 139
今井忠直　92, 96-97, 112, 212
移民規制法　19, 22, 63-66, 71-73, 77-78, 80, 82, 87, 89, 93-94, 96-97, 100, 211-212
岩垂寿喜男　186
岩本時次郎　204
『インディアン・オピニオン』　4-5
インド－アフリカフォーラム・サミット（IAFS）　16
ヴァヘド，ゴーラム（Vahed, Goolam）　5
ウィットワータースラント大学　10, 162, 207
ヴェラチーニ，ローレンツォ（Veracini, Lorenzo）　40
エクスパトリエイトの泡（Bubble）　20, 118, 213
榎本武揚　92
岡倉古志郎　17
長田雅子　10-11, 162, 175
オミ，マイケル（Omi, Micheal）　42, 88
オランダ東インド会社　13, 23, 55, 67, 74, 89
オレンジ自由国　24, 69, 75

■か行

隔離施設留保法　117, 218
カーティス，ライオネル（Curtis, Lionel）　78
勝俣誠　186
ガーナ大学　1-2
カラード　11, 13, 23, 25, 49, 67, 69, 143, 149, 164, 166, 187
からゆきさん　113

カールトン大学　1
ガルバ，ジョゼフ（Garba, Joseph）　183
韓国 - アフリカフォーラム（KAF）　16
『ガンジー』（映画）　4
ガンディー（Gandhi）　1-8, 15, 18, 21, 27, 61, 70, 78-80, 83-84, 209, 216-217
北川勝彦　93
貴堂嘉之　36, 60
キム，クレア（Kim, Claire）　43
禁止移民　22, 65, 71, 80-82, 85, 96-97, 102, 211-212, 216
楠原彰　185, 207
グハ，ラーマチャンドラ（Guha, Ramachandra）　4
グラス，フィリップ（Glass, Philip）　4
クラーレン，ジョナサン（Klaaren, Jonathan）　36, 65, 82
グレート・トレック　67
クローツ，オーディ（Klotz, Audie）　65
ケープ植民地　24-25, 58, 66, 72, 89
原住民土地法　26
鉱山・仕事および機械法　76-77
コーエン，エリック（Cohen, Eric）　118-119, 157
コーネリセン，スカーレット（Cornelissen, Scarlett）　17
駒形丸事件　84

■さ行

雑婚禁止法　131
『サティアグラハ』（オペラ）　4
塩原良和　28
シカゴ学派　44-45
志賀重昂　95-96
ジェッピー，ジュリウス（Julius, Jeppy）　89
ジェラー，W.　204
清水八百一　82, 89, 211
指紋法　15, 34, 77, 83
シャープヴィル事件　124
集団地域法　26, 117-118, 131, 157, 163-164, 171-173
首藤安人　109
酒類法　96
殖民協会　92, 95
植民地愛国連盟　70
シン，グルジット（Singh, Gurdit）　84
人口登録法　23, 25, 163-164, 169, 174, 176, 214
紳士協約　19, 87-88, 97, 103-106, 109, 111-113, 173, 176, 202, 212, 216
人種編成論　42
ジンメル，ゲオルク（Simmel, Georg）　46-48, 119, 217
スブラフマニヤム，サンジャイ（Subrahmanyam, Sanjay）　20, 29, 88
『スプリングボック』（ニューズレター）　53, 55, 122, 129, 142, 151, 187-188
スマッツ，ヤン（Smuts, Jan）　79, 81, 95, 103-105
制度的人種主義　42
セドン，リチャード（Seddon,

Richard） 76
ソウェト蜂起 54, 135, 181-182
ソジョナー 44-46, 48
ソン，ディヴィッド（Song, David） 164, 174, 204

■た行

第三世界 15-16
ダワー，ジョン（Dower, John） 27
Chinese Association（CA） 80
中間性 19, 39, 42-43, 211
中国－アフリカ協力フォーラム 16
チルヴァース，アーサー（Chilvers, Arthur） 104
土屋哲 148
ディストリクト・シックス 157
デサイ，アシュイン（Desai, Ashwin） 5
デズモンド，ツツ（Tutu, Desmond） 134, 182
デュベ・ジョン（Dube, John） 27
トアン，ミア（Tuan, Mia） 28, 162
トーピー，ジョン（Torpey, John） 35
トランスヴァール植民地 24-25
Transvaal British Indian Association（BIA） 80
トランスヴァール労働輸入法 76
トンキス，フラン（Tonkiss, Fran） 47

■な行

ナタール・インド人会議 70
ナタール植民地 24-25, 67
ナタール方式 71, 73, 83, 112
西野照太郎 17
日本・南アフリカ友好議員連盟 191, 193, 206
日露戦争 76, 189-190
入植者植民地論 44
年季契約労働者 34, 50-51, 67-68, 75-76, 87, 92, 216
野間寛二郎 10, 17, 184-185

■は行

排華法 58, 66, 72, 77, 91
背徳法 131
ハッキング，イアン（Hacking, Ian） 162, 191-192
パーク，ユン（Park, Yoon） 200, 206
パーク，ロバート（Park, Robert） 45-46
バージェス，アーネスト（Burgess, Ernest） 45
バース，フレデリック（Barth, Frederik） 204
パリ講和会議 32, 94
バレット，ジェイムス（Barrett, James） 43
バンドン会議（アジア・アフリカ会議） 16, 215, 217
バンバタの蜂起 6
バンブラ，ガルミンダ（Bhambra, Gurminder） 20, 29, 88-89
ピアソン，チャールズ（Pearson, Charles） 37
非同盟運動 16
ファノン，フランツ（Fanon, Frantz） 16
ファン・デン・バーグ，ピエール

(van den Berghe, Pierre) 40
ファン・リーベック，ヤン（van Riebeeck, Jan） 74
フィラカジストリート 134
フェヒター，アンネ・マイク（Fechter, Anne-Meike） 119
藤川隆男 35
プラーキ，ソル（Plaatje, Sol） 26
プラシャド，ヴィジャイ（Prashad, Vijay） 17, 29
ブラッドショー，リチャード（Bradshaw, Richard） 105
ブラロック，ヒューバート（Blalock, Hubert） 39
ブルデュー，ピエール（Bourdieu, Pierre） 204
古谷駒平 90–92, 110
古屋はるみ 27
降矢洋子 186
フレドリクソン，ジョージ（Fredrickson, George） 13
ペバーディ・サリー（Peberdy, Sally） 64–65
ヘリー‐ハッチンソン，ウォルター（Hely-Hutchinson, Walter） 70
ヘルツォーク，ジェームズ・バリー・ミューニック（Hertzog, James Barry Munnik） 98, 105
ヘンリー，エドワード（Henry, Edward） 79
ボナシッチ，エドナ（Bonacich, Edna） 39–40, 46
ボニラ＝シルヴァ，エドゥアルド（Bonilla-Silva, Eduardo） 28, 42

■ま行

マイクロアグレッション 47
マージナル・マン 46
マズルイ，アリ（Mazrui, Ali.） 17
松本仁一 122
マニング，パトリック（Manning, Patrick） 14
マムダニ，マムフード（Mamdani, Mahmood） 41
マラン，ダニエル（Malan, Daniel François） 103–104
マンデラ，ネルソン（Mandela, Nelson） 4, 59, 124, 134, 184
ミカド商会 89–91, 105, 110
ミシェル，オレリア（Michel, Aurelia） 12, 38
水上徹男 45
ミドルマン・マイノリティ 39–40, 44, 46, 141
南アフリカ戦争 6, 23, 55, 75, 77–78, 114
南アフリカ日本人会 52
南アフリカ日本人学校 54, 121, 123–125, 127–128, 130, 136, 151–152, 180, 185–186, 191
南アフリカ連邦 23–25, 64–65, 80, 89, 99, 104, 210
南川文里 204
南満州鉄道株式会社撫順炭鉱 77
峯陽一 17–18
ミルナー，アルフレッド（Milner, Alfred） 78
ムカルジー，プラナブ（Mukherjee, Pranab） 1
無関心 12, 44, 47–48, 147–148, 150,

156, 217
名誉白人　8-12, 20-21, 27-28, 31, 42, 51, 118, 120, 125, 139-140, 143, 153, 158, 161-163, 166, 175-177, 179-194, 197-199, 201-203, 209-210, 212-215
森川純　185
モンジア，ラディカ（Mongia, Radhika）　34, 84

■や行

山崎壮重　99, 105-107, 110, 112
吉田ルイ子　121
よそ者　26, 46

■ら行

ラポーゾ，ペドロ（Raposo, Pedro）　17
ラント鉱山　55, 75
旅客移民　64-65, 67-69, 71, 80
リリーヴェルド，ジョーゼフ（Lelyveld, Joseph）　27
racial triangulation　43
レイノルズ，ヘンリー（Reynolds, Henry）　14, 36-37, 83
レッサー，ジェフリー（Lesser, Jeffrey）　35
ローディガー，ディヴィッド（Roediger, David）　43

■わ行

ワイナント，ハワード（Winant, Howard）　42, 88
ワース，ルイス（Wirth, Louis）　45

文　献

一次史料

【南アフリカ】

議会資料

Debates of the House of Assembly, 1931.

Debates of the House of Assembly, 1961.

Debates of the House of Assembly, 1962.

Debates of the Senate, 1962.

ケープタウン Parliamentary Library 所蔵

Letter from the secretary for the Interior to the secretary for the External Affairs, 14 July 1930, BNS 14/74 vol. 10.

Memorandum on Japanese Labour, 1904, Cape Town Parliament, FLD 278.

Notes exchanged between the Union Government and the Japanese Consul in the Union concerning Japanese Immigration into South Africa, February 1931 [A1-31].

未刊行物

Chinese Association of South Africa, 2003, Request for Amendment to the Employment Equity Act, submitted to the labour portfolio committee of the South African Parliament, May.

【日本】

外交史料館所蔵

外務省 調書　通212.

各国ニ於ケル排日関係雑件　南阿ノ部, J.1.1.0.J/X1-B6.

諸外国ニ於ケル排外関係雑件　南阿ノ部, J.1.1.0.X2-B6.

本邦移民関係雑件　南阿ノ部, J.1.2.0.J2-10.

南阿及「ザンジバル」ニ於ケル本邦人待遇振ニ関スル雑件, 3.8.2.219.

南ア連邦との大使交換に関し先方より申入れの件, 1960. 8. 31, A' 1.3.0.20.

在南アフリカ連邦大使館設置問題に関する件，1960. 10. 26, A' 1.3.0.20.
南アフリカにおける日本人の地位に関する件，1962. 5. 3, A' 1.3.0.20.
南アフリカの対日政策，対日観及びわが国の立場，1963. 4. 4, A' 1.3.0.20.

【イギリス】

National Archives 所蔵

Racial Discrimination and Immigration, Foreign Office, 371/6684.

オンライン

外務省，1921, 太平洋問題研究資料２ 第13 南阿聯邦に於ける日本人の権利及自由に對する制限.
外務省欧米局，1921, 太平洋問題研究２　南アフリカ連邦における日本人の権利及び自由に対する制限.
Collected Works of Mahatma Gandhi.

二次文献

Accone, D., 2004, *All Under Heaven: The Story of a Chinese family in South Africa*, Claremont, David Philip Publishers.
網中昭世，2014,『植民地支配と開発 ── モザンビークと南アフリカ金鉱業』山川出版社.
青木澄夫，1993,『アフリカに渡った日本人』時事通信社.
Arendt, H., 1972, *Crises of the Republic: Lying in Politics, Civil Disobedience, on Violence, Thoughts on Politics and Revolution*. New York: Harcourt Brace Jovanovich.（山田正行訳，2000,『暴力について ── 共和国の危機』みすず書房.）
Armstrong, J. C., 1986, The Chinese at the Cape in the Dutch East India Company period 1652-1795, Unpublished Paper.
Barrett, J. R., & Roediger, D., 1997, "Inbetween Peoples: Race, Nationality and the 'New Immigrant' Working Class", *Journal of American Ethnic History*, 16 (3): 3-44.
Beck, U., 2006, *The Cosmopolitan Vision*. Cambridge, UK: Polity Press.
Blalock, H., 1967, *Toward a Theory of Minority-Group Relations*. New York: Wiley.

Bhambra, G. K., 2007, *Rethinking Modernity: Postcolonialism and the Sociological Imagination, Basingstoke*: Palgrave Macmillan.（金友子訳，2013,『社会学的想像力の再検討 ── 連なりあう歴史記述のために』岩波書店.）
────, 2014, *Connected Sociologies*, London: Bloomsbury.
Bonacich, E., 1973. A Theory of Middleman Minorities, *American Sociological Review*. vol. 38: 583–594.
Bonilla-Silva, E., 2004, "From Bi-Racial to Tri-Racial: Towards a New System of Racial Stratification in the USA". *Ethnic and Racial Studies*, 27(6): 931–950.
Bose, N., 2014, "New Settler Colonial Histories at the Edges of Empire: 'Asiatics', Settlers, and Law in Colonial South Africa", *Journal of Colonialism and Colonial History*, 15(1): Project MUSE, doi:10.1353/cch.2014.0017.
Bradshaw, R., & J., Ndzesop, 2007, "South African Reactions to the Expansion of Japanese Exports, 1912–1937: The Origins of 'Honorary White' Status", Afro-Japanese Relations in Historical Perspective, November 2007, Conference paper.
Bradshaw, R., & Randsdell, J., 2010, "Anti-Asian Agitation in South Africa in the 1930s: Reactions to the 'Japanese Treaty' and 'Honorary White' Status, *Southeast Review of Asian Studies*, 32: 3–21.
Braithwaite, E. R., 1975, *Honorary white*, London: The Bodley Head.
Breckenridge, K., 2014, *Biometric State: The Global Politics of Identification and Surveillance in South Africa, 1850 to the Present*, Cambridge: Cambridge University Press.（堀内隆行訳，2017,『生体認証国家 ── グローバルな監視政治と南アフリカの近現代』岩波書店.）
Bright, R., 2013, *Chinese Labour in South Africa, 1902–10: Race, Violence, and Global Spectacle*. Basingstoke: Palgrave Macmillan.
Christopher, A. J., 2001, *The Atlas of Changing South Africa*, London: Routledge.
Cohen, E., 1977, "Expatriate Communities", *Current Sociology: An International bibliography of Sociology*, 24: 5–90.
Connell, R., 2007, "The Northern Theory of Globalization", *Sociological Theory*, 25(4): 368–385.
Cornelissen, S., & Mine, Y., eds., 2018, *Migration and Agency in a Globalizing World: Afro-Asian Encounters*, Palgrave Macmillan.
Desai, A., & Vahed, G., 2016, *The South African Gandhi: Strecher-Bearer of Empire*, Stanford, California: Stanford University Press.
Dhupelia-Mesthrie, U., 2009, "The Passenger Indian as Worker: Indian

Immigrants in Cape Town in the Early Twentieth Century", *African Studies*, 68(1): 111-134.
Erasmus, Y., & Park, J. Y., 2008, "Racial Classification, Redress and Citizenship: The Case of the Chinese South Africans", *Transformation*, 68: 99-109.
Fanon, F., 1961, *Les Damnés de la Terre*, Paris: F. Maspero.（鈴木道彦・浦野衣子訳，1996,『地に呪われたる者』みすず書房：312.）
Feagin, J., & Elias, S., 2013, Rethinking Racial Formation Theory: A Systemic Racism Critique, *Ethnic and Racial Studies*, 36(3): 931-960.
Fechter, A-M., 2007, *Transnational Lives: Expatriates in Indonesia*, Aldershot: Ashgate.
Fredrickson, G., 2002, *Racism: A Short History*, Princeton: Princeton University Press.（李孝徳訳，2009,『人種主義の歴史』みすず書房.）
藤川隆男，2008,「監訳者あとがき」『パスポートの発明　監視・シティズンシップ・国家』法政大学出版局：267-274.
————, 2011,『人種主義の世界史 ― 白人性とは何か？』刀水書房.
藤田みどり，2005,『アフリカ「発見」― 日本におけるアフリカ像の変遷』岩波書店.
古屋はるみ , 2004,「第２次大戦期における日本人の人種アイデンティティ」木畑洋一・小菅信子・フィリップ・トウル編『戦争の記憶と捕虜問題』東京大学出版会，161-180.
ガンジー，マハトマ，2004,『ガンジー自伝』中央公論新社.
ガーンディー，M. K., 2005，田中敏雄訳『南アフリカでのサッティヤーグラハの歴史 1 非暴力不服従運動の誕生』平凡社.
ジェラー，W., 1973a,「南アフリカ共和国における日本人の地位(1)」『月刊アフリカ』13(7): 31-35.
————, 1973b,「南アフリカ共和国における日本人の地位(2)」『月刊アフリカ』13(8): 28-34.
————, 1973c,「南アフリカ共和国における日本人の地位(3)」『月刊アフリカ』13(9): 37-46.
Gollwitzer, H., 1962, *Die gelbe Gefahr: Geschichte eines Schlagworts, Studien zum imperialistischen Denken*, Vandenhoeck & Ruprecht.（瀬野文教訳，1999,『黄禍論とは何か』草思社.）
Guha, R., 2014, *Gandhi Before India*, Random House.
————, 2018, "Setting the Record Straight on Gandhi and Race", https://thewire.in/history/setting-the-record-straight-on-gandhi-and-race.（2022年２月

5日最終アクセス）
Hacking, I., 1995, *Rewriting the Soul: Multiple Personality and the Sciences of Memory*（北沢格訳，1998,『記憶を書きかえる ── 多重人格と心のメカニズム』早川書房.）
────, 2000, *The Social Construction of What?*, Harvard University Press.（出口康夫・久米暁訳，2006,『何が社会的に構築されるのか』岩波書店.）
Harris, K., 1994, "The Chinese in South Africa: A Preliminary Overview to 1910", *Kleio*, 26(1): 9-26.
────, 1998, A History of the Chinese in South Africa to 1912, Ph. D. thesis, University of South Africa.
────, 2008, The Chinese Crisis, BEE and the past, Biannual conference of the South African Historical Association, Conference paper.
────, 2013, "'Strange Bedfellows': Gandhi and Chinese Passive Resistance 1906-11", *Journal of Natal and Zulu History*, 31(2): 14-38
Hellmann, E., assisted by L. Abraham, 1949, *Handbook on Race Relations in South Africa*, Cape Town: Oxford University Press.
廣部泉，2017,『人種戦争という寓話 ── 黄禍論とアジア主義』名古屋大学出版会.
Ho, U., 2012, *Paper Sons and Daughters: Growing up Chinese in South Africa*, Athens: Ohio University Press.
伊高浩昭，1985,『南アフリカの内側 ── 崩れゆくアパルトヘイト』サイマル出版.
飯倉章，2004,『イエロー・ペリルの神話 ── 帝国日本と「黄禍」の逆説』彩流社.
────, 2013,『黄禍論と日本人 ── 欧米は何を嘲笑し，恐れたのか』中央公論新社.
今井忠直，1929,『注目すべき南阿と東阿』文明協会.
井上年弘，1987,『南アフリカ共和国の奇跡』開成出版.
伊藤正孝，1971,『南ア共和国の内幕 ── 最後の白人要塞』中央公論社.
石川達三，1993,『蒼氓』新潮社.
岩本時次郎, 1974a,「『南アフリカ連邦』と日本人 その一」『月刊アフリカ』14(7): 31-37.
────, 1974b,「『南アフリカ連邦』と日本人 その二」『月刊アフリカ』14(8): 28-35.
Joseph, S. K., 2019, *Gandhi in South Africa: A Racist or A Liberator?*, Wardha:

Institute of Gandhian Studies.
海外子女教育振興財団，1988,『海外子女教育』海外子女教育振興財団.
勝俣誠，1988「経済制裁は有効である」『世界』9月号.
栢木清吾，2013,「波打ち際の『英国臣民』── 大英帝国の移民管理に関する歴史社会学的考察」『国際文化学』神戸大学国際文化学研究科，26: 1-21.
Kawasaki, S., 2001, The Policy of Apartheid and the Japanese in the Republic of South Africa（1）『東京家政学院筑波女子大学紀要』5: 53-79.
————, 2002, The Policy of Apartheid and the Japanese in the Republic of South Africa (2),『東京家政学院筑波女子大学紀要』6: 17-44.
貴堂嘉之，2012,『アメリカ合衆国と中国人移民 ── 歴史のなかの「移民国家」アメリカ』名古屋大学出版会.
————, 2018,『移民国家アメリカの歴史』岩波書店.
Kim, C. J., 1999, The Racial Triangulation of Asian Americans, *Politics and Society*, 27(1): 105-138.
北川勝彦，1994,「『日阿取極』と南アフリカ羊毛購入問題 ── 日本領事報告に基づいて」川端正久編『アフリカと日本』勁草書房，63-79.
————, 1999,「戦間期における日本の対南アフリカ貿易と企業活動」杉山伸也・リンダ・グローブ編『近代アジアの流通ネットワーク』創文社，257-278.
————, 2001,「研究ノート　南アフリカ経済史研究の課題」『関西大学経済論集』vol. 50-4: 363-383.
————, 2012,「書評『南アフリカ社会経済史』」『アフリカ研究』vol. 80: 41-43.
Kitagawa, K., 2014, "The Relationship between Japan and South Africa before World War II", *Kansai University Review of Economics*, 16: 31-58.
Klaaren, J., 2017, *From Prohibited Immigrants to Citizens: The Origins of Citizenship and Nationality in South Africa*, Cape Town: UCT Press.
Klotz, A., 2013, *Migration and National Identity in South Africa, 1860-2010*. New York: Cambridge University Press.
Knowles, V., 2007, *Strangers at our Gates: Canadian Immigration and Immigration Policy, 1540-2006*, Toronto: Dundurn Press.（細川道久訳，2014,『カナダ移民史 ── 多民族社会の形成』明石書店.）
楠原彰，1988,『アパルトヘイトと日本』亜紀書房.
Lake, M., 2006, "From Mississippi to Melbourne via Natal: The Invention of the Literacy Test as a Technology of Racial Exclusion," Curthoys, A., & M. Lake, eds, *Connected Worlds: History in Transnational Perspective*, Canberra: ANU E Press, 209-229.

Lake, M., & H. Reynolds, 2008, *Drawing the Global Colour Line: White Men's Countries and the International Challenge of Racial Equality*, Cambridge: Cambridge University Press.

Lelyveld, J., 1985, *Move your Shadow: South Africa, Black and white*, New York: Time Books.（越智道雄・川合あさ子・藤田みどり訳，1987,『おまえの影を消せ ── 南アフリカ　時の動きの中で』朝日新聞社：361）

Lesser, J., 1999, *Negotiating National Identity: Immigrants, Minorities, and the Struggle for Ethnicity in Brazil*, Durham, N.C.: Duke University Press.（鈴木茂・佐々木剛二訳，2016,『ブラジルのアジア・中東系移民と国民性の構築 ──「ブラジル人らしさ」をめぐる葛藤と模索』明石書店.）

Loewen, J. W., 1988, *The Mississippi Chinese: Between Black and White 2nd edition*, Prospect Heights, Ill, Waveland Press. 初版 1971.

Makino, K., 2016, The Framing Discourses of 'Honorary White' in the Anti-Apartheid Movement in Japan, *IDE Discussion Paper*, vol. 575, Institute of Developing Economies.

Manning, P., 2005, *Migration in World History*, London: Routledge.

松本仁一，1989,『アパルトヘイトの白人たち』すずさわ書店.

Mazrui, A. A. & Adem, S., 2013, *Afrasia: A Tale of Two Continents*, Lanham, Md.: University Press of America.

McKeown, A. M., 2008, *Melancholy Order: Asian Migration and the Globalization of Borders*, New York: Columbia University Press.

Meer, F. ed., 1996, *The South African Gandhi: An Abstract of the Speeches and Writings of M. K. Gandhi 1893-1914*, Durban: Madiba Publishers.

Michel, A., 2020, *Un Monde en Nègre et Blanc. Enquête Historique sur l'Ordre Racial*, Paris, Éd. du Seuil.（児玉しおり・中村隆之訳，2021,『黒人と白人の世界史 ──「人種」はいかにつくられてきたか』明石書店.）

南川文里，2007,『「日系アメリカ人」の歴史社会学 ── エスニシティ，人種，ナショナリズム』彩流社.

峯陽一，2019,『2100年の世界地図 ── アフラシアの時代』岩波書店.

宮本正興・松田素二編，2015,『新書アフリカ史』講談社，初版 1997.

宮崎慶之，1997,「日本人移民問題をめぐる日本外交 ── ベルサイユ会議，ワシントン会議を中心に」三輪公忠編著『日米危機の起源と排日移民法』論創社，365-393.

水上徹男，2020,「社会学的概念『ソジョナー』の構築 ── シカゴ社会学による中国人の洗濯屋にかんする研究」『日本都市社会学会年報』38: 132-147.

Molina, N., HoSang, D. M., & Gutiérre, R. A., eds, 2019, *Relational Formations of Race: Theory, Method, and Practice*, University of California Press.
Mongia, R. V., 1999, "Race, Nationality, Mobility: A History of the Passport", *Public Culture*, 11(3): 527–555.
森川純, 1988,『南アと日本 ── 関係と歴史・構造・課題』同文館出版.
Morikawa, J., 1997, *Japan and Africa: Big Business and Diplomacy*, Trenton NJ: Africa World Press.
永原陽子, 1996,「南アフリカにおける『ユダヤ人問題』 ── 覚え書き」『マイノリティと近代史』彩流社：70–89.
Neame, L. E., 1907, *The Asiatic Danger in the Colonies*, London, G. Routledge & sons, limited; New York, E.P. Dutton & Co.
Neocosmos, M., 2010. *From 'Foreign Natives' to 'Native Foreigners' Explaining Xenophobia in Post-apartheid South Africa, Citizenship and Nationalism, Identity and Politics*, Dakar: CODESRIA.
野間寛二郎, 1969,『差別と叛逆の原点』理論社.
Omi, M., & Winant, H., 2015, *Racial Formation in the United States*, Routledge. 初版 1986.
Osada, M., 2002, *Sanctions and Honorary Whites: Diplomatic Policies and Economic Realities in Relations between Japan and South Africa*, Westport: Greenwood Press.
大山卯次郎, 1930,「南阿の有色人排斥と日本人入国問題」『外交時報』11月15日.
Park, Y. J., 2008, *A Matter of Honour: Being Chinese in South Africa*, Auckland Park: Jacana Media.
────, 2020, "Afro-Asian Solidarities to Afrasian Spaces and Identities: Exploring the Limits of Afrasia", Ross Anthony and Uta Ruppert eds., *Reconfiguring Transregionalisation in the Global South: African-Asian Encounters*, Palgrave Macmillan.
Peberdy, S., 2009, *Selecting Immigrants: National Identity and South Africa's Immigration Policies, 1910–2008*, Johannesburg, South Africa: Wits University Press.
Plaatje, S., 1987, *Native Life in South Africa*, edited and introduced by Brian Willan. Harlow: Longman.
Prashad, V., 2007, *The Darker Nations: A People's History of the Third World*, New York: New Press.（粟飯原文子訳, 2013,『褐色の世界史』水声社.）
────, 2001. *Everybody Was Kung Fu Fighting. Afro-Asian Connections and*

the Myth of Cultural Purity, Boston: Beacon Press.
Raposo, P., Arase, D., & Cornelissen, S., 2018, *Routledge Handbook of Africa-Asia Relations*, London: Routledge.
Richardson, P., 1982, *Chinese Mine Labour in the Transvaal*, London: Macmillan Press.
佐伯尤，2003,『南アフリカ金鉱業史 ── ラント金鉱発見から第二次世界大戦勃発まで』新評論.
酒井泰斗・浦野茂・前田泰樹・中村和生編，2009,『概念分析の社会学 ── 社会的経験と人間の科学』ナカニシヤ出版.
Shell, R. C. H., 1995, *Children of Bondage: A Social History of the Slave Society at the Cape of Good Hope, 1652–1838*, Hanover: Wesleyan University Press published by University Press of New England.
志賀重昂，1926,『知られざる國々』地理調査会.（再録：1943,『知られざる國々』日本評論社.）
篠田豊，1985,『アパルトヘイト，なぜ？ ── 南アの実情，歴史，そして私たち』岩波書店.
塩原良和，2008,「多文化主義国家オーストラリア日本人永住者の市民意識 ── 白人性・ミドルクラス性・日本人性」関根政美・塩原良和編『多文化交差世界の市民意識と政治社会秩序形成』慶應義塾大学出版会，143–161.
白石顕二，1995,『ザンジバルの娘子軍』社会思想社.
殖民協会，1899, 1900,『殖民協会報告』（再録：1987,『殖民協会報告』不二出版.）
首藤安人，1934,『南阿連邦の国情と本邦との経済関係』日本経済連盟会.
Simmel, G., 1957, *Brücke und Tür: Essays des Philosophen zur Geschichte, Religion, Kunst und Gesellschaft*, im Verein mit Margarete Susman: herausgegeben von Michael Landmann.（酒田健一・熊沢義宣・杉野正・居安正訳，2020,『橋と扉』白水社.）
Siu, P. C. P., 1952, The Sojourner, *American Journal of Sociology*, 58(1): 34–44.
South African Institute of Race Relations, 1961, 1971, 1981, *A Survey of Race Relations in South Africa*, Johannesburg: South African Institute of Race Relations.
Subrahmanyam, S., 2005, *Explorations in Connected History: Mughals and Franks*, New Delhi: Oxford University Press.（三田昌彦・太田信宏訳，2009,『接続された歴史 ── インドとヨーロッパ』名古屋大学出版会.）
高橋基樹，2010,『開発と国家 ── アフリカ政治経済論序説』勁草書房.

高野麻子, 2016,『指紋と近代 ── 移動する身体の管理と統治の技法』みすず書房.
Thompson, L., 1995, *A History of South Africa*, New Haven: Yale Nota Bene: Yale University Press.（宮本正興・吉國恒雄・峯陽一訳, 1998,『新版南アフリカの歴史』明石書店.）
徳田剛, 2020,『よそ者／ストレンジャーの社会学』晃洋書房.
Tonkiss, F., 2003, "The Ethics of Indifference: Community and Solitude in the City", *International Journal of Cultural Studies*, 6(3): 297-311.
Torpey, J., 2000, *The Invention of the Passport: Surveillance, Citizenship, and the State*. Cambridge: Cambridge University Press.（藤川隆男訳, 2008,『パスポートの発明 ── 監視・シティズンシップ・国家』法政大学出版局.）
土屋哲, 1974,「南ア共和国・『白人』待遇の旅」『月刊アフリカ』14(5): 22-24.
Tuan, M., 1998, *Forever Foreigners or Honorary Whites?: The Asian Ethnic Experience Today*, New Brunswick, N. J.: Rutgers University Press.
Vahed, G., 2017, The Past in the Present: Writing the South African Gandhi, *Journal of Labor & Society*, 20(1): 107-127.
Van den Berghe, P. L., 1981, *The Ethnic Phenomenon*. Westport, CT Praeger.
Veracini, L., 2010, *Settler Colonialism: A Theoretical Overview*, London: Palgrave Macmillan.
渡辺公三, 2003,『司法的同一性の誕生 ── 市民社会における個体識別と登録』言叢社.
Xiao, X., 2016, Comparing Free Chinese Immigration to South Africa in the 20th Century: Survival and Opportunity, Master thesis, University of Cape Town.
Xu, Jun & Lee, J. C., 2013, "The Marginalized 'Model' Minority: An Empirical Examination of the Racial Triangulation of Asian Americans", *Social Forces*, 91(4), 1363-1397.
八木長人, 1930,「南阿連邦における排日の真相」『外交時報』10月1日.
山本めゆ, 2019,「〈書評〉Pedro Miguel Amakasu Raposo de Medeiros Carvalho, David Arase and Scarlett Cornelissen, eds., Routledge Handbook of Africa-Asia Rations」『アジア経済』60(3): 81-87.
Yap, M., & D. L. Man, 1996, *Colour, Confusion, Concession: The history of the Chinese in South Africa*, Hong Kong: Hong Kong University Press.
Yellow Horse, A. J., Kuo, K., Seaton, E. K. & Vargas, E. D., 2021. Asian Americans' Indifference to Black Lives Matter: The Role of Nativity, Belonging and Acknowledgment of Anti-Black Racism, *Social Sciences*, 10(5), https://doi.

org/10.3390/socsci10050168.
吉田ルイ子，1989,『南ア・アパルトヘイト共和国』大月書店.

その他の未刊行物

「スプリングボック」
「スプリングボック・クラブ」
「ジャカランダ・クラブ」
「アフリカ行動委員会ニュース」vol. 18
「アフリカ行動委員会ニュース」vol. 24

The Good, the Bad, and the Asian
Ethnoracial Politics of Honorary Whiteness in Twentieth-Century South Africa

Meyu YAMAMOTO

The aim of this project was to investigate how Asian minorities were racially constructed in South Africa, and how they experienced racial segregation, reconsidering the 'honorary white' status purportedly afforded to Japanese residents by the South African government during the apartheid period.

In academic research on race and racism, greater importance has been attached to a transnational framework since the 2000s. Several studies shed light on the global migration of Asians from the mid nineteenth to early twentieth century. They emphasised how the idea of whiteness and legal strategies to restrict Asian immigration were exchanged and mutually formative among the five white men's countries: the United States, Canada, Australia, New Zealand, and South Africa. The controversy around who to accept as citizens also became the basic blueprint for defining national identity, with the same being true for South Africa. However, the in-between positions of Asian groups have scarcely been scrutinised, such as the ambivalence of their practices aimed at improving their status, which sometimes oppressed Africans who were more deeply deprived. This study presents honorary whiteness in South Africa as a racial category co-produced and co-constituted with other groups, and advances understanding of the interrelated logics of racialised inclusion and exclusion.

In pursuit of the study's goal, the author collected archival materials, parliamentary records, and newspaper articles in South Africa and Japan. A total of 23 suitable and willing informants were identified and interviewed in South Africa and Japan from 2005 to 2020. They comprised 15 Japanese and 9 Chinese South Africans who had lived there during the apartheid period. The Japanese community in South Africa primarily consisted of expatriates and their families dispatched from private institutions or governmental agencies. Community members almost completely turned over every few years, except in a few cases. All interviews were conducted in Japanese. Chinese informants in this study were second- or third-generation individuals who were born in South Africa from the 1930s to 1970s, and currently living in Johannesburg, Pretoria, or Cape Town. All interviews were conducted in English, and snowball sampling was employed. Because of the sampling method used as well as limited number of interviews conducted, the results of this study may not be considered representative.

The introduction elaborates on protest movements against statues of Gandhi which have been witnessed in various parts of the world, leading to a growing interest in the history of Asian communities and their intermediate positions in the racial hierarchy of South Africa.

Chapter one, "Related Literature and Method", examines related works in order to investigate the in-betweeness of the Asian minorities in South Africa in sociological studies of race and ethnic relations. The research method adopted in this project is also presented.

Chapter two, "The Arrival of Asian Immigrants and Immigration Control", gives a brief historical background to Asian immigration to South Africa. The literacy tests introduced in Natal to regulate immigration from India served to control both the quality and

quantity of applicants for landing, but they also served to both add order to and conversely complicate race-related boundaries. When the Immigration Regulation Act was enacted in 1913, the Japanese were included in "prohibited immigrants", designated by the Minister of the Interior as all Asians.

Chapter three, "Honour and Exclusion", focuses on the early encounters between South Africans and Japanese and the creation of the Gentlemen's Agreement between the two respective countries in 1930. The aforementioned agreement regarding the favoured treatment of Japanese nationals resulted from the global wave of Asian immigration and regime of white supremacy.

Chapter four, "Racial Segregation and their Lives in the 'Bubble'", paints a portrait of the Japanese community under apartheid based on interview material. Under the strict racial segregation regime of the apartheid era, foreigners who resided in South Africa for a limited period of time for diplomatic or business purposes were permitted to live in "white" areas. The Japanese community at that time, consisting of corporate expatriates and their accompanying families, was established within these areas. They formed "expatriate bubbles" in local society and lived self-enclosed within them. They did not have the opportunity to deepen their relationships with Africans, and even disassociated themselves from their ambiguous position under the racial segregation regime. This distance from and ephemeral stance toward the host society can also be seen in the ennui, indifference, and coldness that Zimmel describes as characteristic of mental life in the metropolis.

Chapter five, "'Honorary Whites' as a Racial Concept", advances understanding of the interrelated logics of racialised inclusion and exclusion in South Africa, reconsidering honorary whiteness purportedly

afforded to Japanese residents by the South African government during the apartheid period. Given that the apartheid government never classified the Japanese as 'honorary whites', honorary whiteness turned out to have been framed not just from 'above' but also from 'below', being primarily born from their comparison with Chinese residents. At the same time, the position of the Chinese was also entwined with that of the Japanese. By being indistinguishable from the Japanese and adopting a policy of not being in apparent conflict with the white community despite their opposition to racial policies, they gradually expanded into white areas.

The conclusion provides an analysis and concluding discussions of the findings. This study presents honorary whiteness in South Africa as a racial category co-constituted with other groups from the mid nineteenth to early twentieth century. Given that the members of the Chicago School focused more on the relations between subjects than on the subjects themselves, and situational dependence, which laid the foundations for the study of ethnicity and race relations, observation through a relational lens enables us to identify the origins of urban sociology and ethnic and racial studies.

There were two major limitations of this study that should be addressed in future research. The small size and non-probability sampling limited the ability to generalise the findings as representative of the experiences and perspectives of others. Second, little is known about the relationship of the Japanese and Chinese with other groups such as Africans, Coloureds, and Indians. The findings of the study would have been more informed by conducting further interviews with the groups.

While primarily aiming to bridge the knowledge gap surrounding the race-based treatment of Asians in South Africa, this study describes

more than just the past. It looks at broader implications of studies on Africa-Asia relations, which have attracted the worldwide attention of academic research over the last decade.

Acknowledgements

This project was achievable by virtue of the encouragement and support of many people and institutions.

I would like to express my sincere gratitude to the interviewees, whose voices are presented in this work. The project would not have been possible without their patience and kindness. I feel honoured to have shared my research journey with Professor Motoji Matsuda, acknowledging the patient guidance, encouragement, and advice that he has provided throughout my time as his student. I would also like to thank the Department of Sociology, Faculty of Letters, at Kyoto University for giving me the opportunity to complete my Ph.D.

For their generous financial assistance, I wish to thank the TOYOTA Foundation and JSPS (Grant-in-Aid for JSPS Fellows Funding) for supporting this research. Publication of this book is supported by Kyoto University.

著者略歴

山本　めゆ（やまもと　めゆ）

東京生まれ。University of Cape Town, Master of Social Science 修了，京都大学大学院文学研究科行動文化学専攻社会学専修博士後期課程修了。博士（文学）。日本学術振興会特別研究員（PD），日本大学文理学部社会学科助手を経て，2022年４月より立命館大学文学部国際コミュニケーション学域准教授。主要業績に，“Honorary Whiteness as a Relational Construct: Ethnoracial Formations of Japanese and Chinese in Apartheid South Africa”, *Social Theory and Dynamics*, Vol. 3, 2022 : 105-122.「#GandhiMustFall? ――『ガンディー像撤去要求運動』が拓く移動と共同性の記憶」松田素二・阿部利洋・井戸聡・大野哲也・野村明宏・松浦雄介編著『日常的実践の社会人間学 ―― 都市・抵抗・共同性』（山代印刷，2021）。

新曜社　**「名誉白人」の百年**

南アフリカのアジア系住民をめぐるエスノ‐人種ポリティクス

初版第１刷発行　2022年３月30日

著　者　山本めゆ

発行者　塩浦　暲

発行所　株式会社　新曜社

〒101-0051　東京都千代田区神田神保町 3-9

電話（03)3264-4973(代)・FAX(03)3239-2958

e-mail：info@shin-yo-sha.co.jp

URL：https://www.shin-yo-sha.co.jp/

組　版　星野精版印刷

印　刷　星野精版印刷

製　本　積信堂

ISBN978-4-7885-1765-3 C3036